総合判例研究叢書

憲　法(1)

法の下の平等……………………覚 道 豊 治

労働者の権利……………………横 川　　博

生　存　権………………………森　　順 次

有 斐 閣

憲法・編集委員

大西芳雄
佐藤功

序

フランスにおいて、自由法学の名とともに判例の研究が異常な発達を遂げているのは、その民法典が百五十余年の齢を重ねたからだといわれている。それに比較すると、わが国の諸法典は、まだ若い。最も古いものでも、六、七十年の年月を経たに過ぎない。しかし、わが国の諸法典は、いずれも、近代的法制を全く知らなかつたところに輸入されたものである。そのことを思えば、この六十年の間に極めて重要な判例の変遷があつたであろうことは、容易に想像がつく。事実、わが国の諸法典は、それに関連する判例の研究でこれを補充しなければ、その正確な意味を理解し得ないようになつている。

判例が法源であるかどうかの理論については、今日なお議論の余地があろう。しかし、実際問題として、多くの条項が判例によつてその具体的な意義を明かにされているばかりでなく、判例によつて特殊の制度が創造されている例も、決して少くはない。判例研究の重要なことについては、何人も異議のないことであろう。

判例の創造した特殊の制度の内容を明かにするためにはもちろんのこと、判例によつて明かにされた条項の意義を探るためにも、判例の総合的な研究が必要である。同一の事項についてのすべての判決を探り取り、扱われた事実の微妙な差異に注意しながら、総合的・発展的に研究するのでなければ、判例の研究は、決して終局の目的を達することはできない。そしてそれには、時間をかけた克明な努力を必要とする。

幸なことには、わが国でも、十数年来、そうした研究の必要が感じられ、優れた成果も少くないようになつた。いまや、この成果を集め、足らざるを補ない、欠けたるを充たし、全分野にわたる研究を完成すべき時期に際会している。

かようにして、われわれは、全国の学者を動員し、すでに優れた研究のできているものについては、その補訂を乞い、まだ研究の尽されていないものについては、新たに適任者にお願いして、ここに「総合判例研究叢書」を編むことにした。第一回に発表したものは、各法域に亘る重要な問題のうち、研究成果の比較的早くでき上ると予想されるものである。これに洩れた事項でさらに重要なもののあることは、われわれもよく知つている。やがて、第二回、第三回と編集を継続して、完全な総合判例法の完成を期するつもりである。ここに、編集に当つての所信を述べ、協力される諸学者に深甚の謝意を表するとともに、同学の士の援助を願う次第である。

昭和三十一年五月

編集代表
小野清一郎　宮沢俊義
末川博　我妻栄
中川善之助

凡例

一 判例の重要なものについては、判旨、事実、上告論旨等を引用し、各件毎に一連番号を附した。

二 判例年月日、巻数、頁数等を示すには、おおむね左の略号を用いた。

大判大五・一一・八民録二二・二〇七七 （大審院判決録）

（大正五年十一月八日、大審院判決、大審院民事判決録二十二輯二〇七七頁）

大判大一四・四・二三刑集四・二六二 （大審院判例集）

最判昭二二・一二・一五刑集一・一・八〇 （最高裁判所判例集）

（昭和二十二年十二月十五日、最高裁判所判決、最高裁判所刑事判例集一巻一号八〇頁）

大判昭二・一二・六新聞二七九一・一五 （法律新聞）

大判昭三・九・二〇評論一八民法五七五 （法律評論）

大判昭四・五・二二裁判例三・刑法五五 （大審院裁判例）

福岡高判昭二六・一二・一四刑集四・一四・二一一四 （高等裁判所判例集）

大阪高判昭二八・七・四下級民集四・七・九七一 （下級裁判所民事裁判例集）

最判昭二八・二・二〇行政例集四・二・二三一 （行政事件裁判例集）

名古屋高判昭二五・五・八特一〇・七〇 （高等裁判所刑事判決特報）

東京高判昭三〇・一〇・二四東京高時報六・二・民二四九 （東京高等裁判所判決時報）

札幌高決昭二九・七・二三高裁特報一・二・七一　（高等裁判所刑事裁判特報）
前橋地決昭三〇・六・三〇労民集六・四・三八九　（労働関係民事裁判例集）
その他に、例えば次のような略語を用いた。
裁判所時報＝裁　時　家庭裁判所月報＝家裁月報
判例時報＝判　時　判例タイムズ＝判　タ

目次

法の下の平等

覚道豊治

一 序説……三
二 「法の下の平等」の意義……四
一 一四条一項前段の意味――前段は立法者をも拘束するか否か（四）
二 学説（六）
三 「人種」「信条」「性別」「社会的身分」「門地」による差別の意義……九
一 「人種」による差別（九） 二 「信条」による差別（一一） 三 「性別」による差別（一四） 四 「社会的身分」又は「門地」による差別（一八） 五 「人種、信条、性別、社会的身分又は門地」以外のことがらを基準とする差別（四六）
四 「政治的、経済的又は社会的関係において、差別されない」の意義……六一
一 「政治的、経済的又は社会的関係」の意義（六一） 二 「差別されない」の意義（六四）
五 一四条の適用範囲……七三

一　平等に取扱われるべき人の範囲――「すべて国民は」の意義（七三）
二　平等原則により義務づけられる人の範囲――私人の行為と平等原則（七七）

労働者の権利　横川　博

はしがき……八三
一　団結権・団体行動権……八四
一　団結権・団体行動権の法律的性質（八七）　二　団結権・団体行動権の主体（九〇）　三　団体行動権行使行為の正当性（一〇四）
二　労働者の権利と財産権……一〇八
一　生産管理（一〇九）　二　出荷阻止（一一四）　三　ロック・アウト（一二二）　四　解雇の自由（一二七）
三　労働者の権利と公共の福祉……一三三
結　び……一四四

生存権　森　順次

一　概　説……一四九
二　憲法二五条一項の法意……一五七
一　食糧管理法と憲法二五条一項（一五七）　二　その他の法令または行

政行為と憲法二五条一項（一七五）　三　最低限度の生活を維持するため
の犯罪と憲法二五条一項（一八四）　四　科刑と憲法二五条一項（一八六）
五　物資配給の請求と憲法二五条一項（一九〇）　六　民事事件と憲法二
五条一項（一九二）　七　労働者の解雇と憲法二五条一項（一九六）
三　憲法二五条二項の法意……一九七
四　憲法二六条一項の法意……一九八
五　憲法二七条一項の法意……二〇〇
判例索引

法の下の平等

覚道豊治

はしがき

「法の下の平等」の判例は、日本国憲法一四条の解釈に関するものであるが、具体的事件について、その都度裁判所は解答を与えているけれども、その理論的根拠については、必ずしも明確ではないものも存する。又、同条違反を理由とする上告は現在までのところ、悉く棄却され、法令その他の処分のいずれもは、最高裁により、合憲とされているので、憲法の定める平等権の意味内容の限界がどこにあるかは、判例については単に推定の域を出ないし、又同条の解釈について理論上重要な問題であっても、それについての判例が存しないものも少くない。従って本稿における判例の配列順序や整理の仕方については、不都合もあり、判例と学説の説明の割合についても不適当があるかもしれないが、それは憲法問題に関する判例——とくに本条についての——の特徴に負うという点もあろうかと思う。

尚、一四条二項及び三項は法文の意味も明確であって、重要な事件もなく、判例も存しないので、ここでは省略した。又、平等については、一四条以外に二四条に婚姻の平等、四四条に両議院の議員及びその選挙人の資格の平等について定めるが、これらの条項に関する重要な判例も見当らないので、学説も共に省略し、結局一四条一項についての問題に限定した。

「平等」の観念は「自由」の観念と共に、近代民主々義の支柱であり、一四条の解釈もかかる「平等」或は「平等権」についての思想史的或は法哲学的認識を必要とするし、これらの点についての学問的著述も多いわけであるが、これらの問題については、ここではすべて省略した。尚、明治憲法では、平等権に関するものとしては、一九条に「日本臣民ハ法律命令ノ定ムル所ノ資格ニ応シ均ク文武官ニ任セラレ及其ノ他ノ公務ニ就クコトヲ得」と定めるものがあるにすぎず、学説上も実際上もこれを一般的な「法の下の平等」と考えることは殆んどなかった。従って当然本稿でも論外とする。

一　序説

憲法一四条一項は、「すべて国民は、法の下に平等であって、人種、信条、性別、社会的身分又は門地により、政治的、経済的又は社会的関係において、差別されない。」と定める。

まず第一の問題点は、この前段の「法の下の平等」の意義であり、とくに「法の下に」といういみである。即ち、「法の下に平等である」ということは、立法、行政、司法のあらゆる面での要求か、或は法適用に際してのことがらかが問題となる。前者の場合には、本条項の後段は前段の例示にすぎないし、後者の場合には、前段と後段とは異ったことを定めるのであり、前段は法適用の平等について定め、後段はここにかかげる事項についてのは立法についての要求であることになる。

第二の問題点は、後段の「人種」「信条」「性別」「社会的身分」「門地」の各概念及び、いかなることがそれによる差別となるかということである。そしてこれらが例示的なものとするならば、これ以外にどの様なことを基準として、差別することが許されないかの問題がある。

第三は後段の「政治的、経済的又は社会的関係において」の意義及び「差別されない」という意義である。ここでは後段に列挙されたことがらにより、又その事項においての差別は絶体的に許されないのか、或は「合理的」なものであるならば許されるのか、の問題がある。「合理的」なものが許されるとするならば、いかなることが「合理的」であるかということである。

最後にこの条項の適用範囲についての若干の問題を取扱う。

第一の問題点は、第二、第三の問題と密接に関連するが、学説の最もするどく対立するところであつて、一四条についての学者の議論の非常に大きな部分がここに集中されている。しかしこの論点について判例は正面からとりあげて明確にしているものは少く、二、三の判例からその立場を推定しうる程度である。第二、第三点について判例が最も多く、明確にしている点も多い。最後の問題は、実際上の重要さは乏しく、従つて判例もごく僅かしか存しない。

これらの各問題点は、同じ判例がそれぞれの点を示しているから、各問題点について引用する判例は互に重複することになるが、判例は一応第二点について全部をまとめて引用し、他の問題点については、必要な部分だけを重ねて示すことにする。

二 「法の下の平等」の意義

一 一四条一項前段の意味——前段は立法者をも拘束するか否か

一四条一項前段に、「すべて国民は、法の下に平等であって」という場合、国民は立法、行政、司法のあらゆる国政の上において、平等に処遇されることを意味するのか、或は存在する法に対し、国民はすべて平等に適用され、差別されないことを意味するのか、前者の場合では立法者も国民を不平等に取扱う法律を制定してはならず、従って「法の下の平等」の原理は立法者も拘束する。後者の場合では法を適用することについてのことであるから、法を制定することは別のことであり、従ってこの規定は立法者を拘束しないことになる。前者（仮に立法者拘束説という）のように解する場合、この条項の前段たる「すべて国民は、法の下に平等であって、」という部分と、後段、即ち「人種、信条、性別、社会的身分又は門地により、政治的、経済的又は社会的関係において、差別されない。」という部分は同じ趣旨のものであって、前段は一般的に定めるのであり、後段は具体的な場合のその例示であるということになる。之に反して後者のように解する場合、（仮に立法者非拘束説という）前段と後段とは異ったことを定めるものであって、前段は法適用における平等を一般的に定めるが、立法のことについては何も定めておらず、ただ後段はここにかかげる事項については、立法についてもすべての国民を平等に取扱うことを定めるものということになる。即ち後者の場合、後段の規定についていえば、「人種」、「信条」、「性別」、「社会的身分」、「門地」は限定的なものとなり、この点のみでは立法者を拘束するが、これ以外の点では立法上差別しても差支ないことになる。

学説はこの点についてするどく対立しているが、判例はこの問題点を意識して、明確にこの点を示したものは存しない。ただ次の様な言葉から、ほぼ前者の立場に立っていることが推察し得る。即ち「憲法一四条が法の下における国民平等の原則を宣明し、すべて国民が人種、信条、性別、社会的身分又は門地により、政治的、経済的又は社会関係上差別的取扱を受けない旨を規定したのは、人格の価値がすべての人間について平等であり、従って人種、宗教、男女の性、職業、社会的身分等の差異にもとづいて、あるいは特権を有し、あるいは特別に不利益な待遇を与えられてはならぬという大原則を示したものに外ならない。」（最判昭二五・一〇・一一刑集四・二〇三七）としている（後述〔7〕参照）。或は又「憲法第十四条は、すべて国民が人種、信条、性別、社会的身分又は門地等の差異を理由として、政治的、経済的又は社会的関係において法律上の差別処遇を受けないことを明らかにして、法の下に平等であることを規定した」（最判昭二五・一〇・六刑集二・一二七五）（後述〔34〕参照）と述べている（その他後述〔26〕参照）。即ちこゝでは「法の下に平等である」ということの説明として後段を引用し、後段にのべられたことがらが即ち前段のいみであるとしている。しかし、後述するように（三の五）後段に列挙された「人種、信条、性別、社会的身分又は門地」は確定的なものか、例示的なものかについては判例は必ずしも明確ではない。いずれにせよ、しかし前段と後段は同趣旨又は後段は前段の具体的例示的説明と考えており、従って「法の下の平等」ということは単に法の適用における平等のみでなく、法の定立についても妥当するという見解といえる。

二 学説

(一) 立法者拘束説　学界における多数説は、判例と同様に、「法の下に平等」ということは、単に法の適用のみならず、立法者をも拘束するとする考えにたっている。即ち「『神の前における人間の平等』のごとき宗教的原理や、個人の価値を最高に評価する近代思想にうらづけられている本項は、実定法規の適用の平等を意味するにとゞまらず、法の定立作用においても有力な働きを行うものである。立法、行政、司法のあらゆる国政のうえにおいて、すべての国民を平等に処遇することが、本項によって求められるものであって、国民の側からすれば、すべての者の法的権利の平等であることが意味されている。従って、本項前段は、法の内容についての制約として、立法に基準を与え、また法に対する制約として、行政と裁判とを指導するものであって、いわば高次の国政指導原理にたるべきものである。かかる一般的な平等主義の原則は、本項後段によって、更にその具体的内容が明かにされているのである。」（註解日本国憲法・上 三四八）とする。

或は又、法の下の平等とは単に法が平等に適用されるべきであるとする原則であるとする説をとりあげて、「法の内容に差別が定められていれば、それが平等に適用されたところで、個人主義の要請は充たされない。したがって法の下の平等とは、単に法を不平等に適用することを禁ずるだけでなく、不平等な取扱いを内容とする法の定立をも禁ずる趣旨と解すべきである」（宮沢・コムメンタール 二〇八）。或は又、「こゝに、『法の下に平等』であるとは、……国民各人は肉体的及び精神的に異る特質をもつにしても、人間としての価値に変りなく、法の定立及び適用に当って、均等の機会が与えられ、差別待遇を受けないことをいう」（清宮・要論七六）と説明される。同じ様に又、「法的平等は……いわゆる法の前の平等と、法の平等とを合せ意味するものでなければならぬ」として「平等保障を要求し護得した近代民主主義ならびに社会主義の歴史をかえりみるならば、たゞに法適用における平等の取扱のみならず、法規定そのものにおける平等、一切の行政作用における平等の取扱いが保障されることを希求するのは必然の論理であり、また史的事実でもあったのである。人は生れながらにして平等であるという自然法的宣言・希求は、当然に、以上のすべての意味における平等の保障に対する希求を含むもので」、かゝる考えは「近代民主々義原理および歴史の発展方向に即した解釈であることは疑いない」（鈴木・原論 三五二〜三）とする。同趣旨（中村哲・日本国憲法の構造 一七八、田上・原論一〇四）。

いずれもこれらは平等権についての思想史的背景から、或は自然法思想に影響された日本国憲法として当然そうあるべきだとする判断がその根拠となっている。

㈡　立法者非拘束説　多数説に対する有力な反対説は、法文を厳格に解釈すべきであるとする立場から、「法の下に平等」という表現形式を根拠にして、「法の下の平等」とは、法の適用に関する平等をいみするとする。即ち「すべて国民が法の下に平等である、とは、国家は法を適用するに当り、すべての国民を平等に取扱うべきである、ということである。即ち、国家は、法の定める事実に該当する者が如何なる国民であるかを問わないで、同等に法を適用して取扱うべきである。すべての国民が法の規定において同等に取扱われる、ということではない。法の下の同等ということであって、法の内の同等ということではない。」(佐々木・憲法論(二)四二五)とし、「法の下に」という言葉は、「国民が法、詳しくいえば法の規定そのものゝ外に立っているものとして、両者を関係せしめて考えるのである。国民を法の内にあるものとし、法が国民のことを規定する仕方を考えるのではない。法の下に、と、法の内、法において、とは異る。むしろ法に対してというてもよい。」(佐々木・論文選(二)二一五)とする。

さらに後段については、「これにより、国家は、国民を、その人種、信条、性別、社会的身分又は門地により、政治的、経済的又は社会的の関係において、差別を設けて取扱うことを得ない。国民はかゝる差別を設けられないことを国家に対して要求することを得る。これは、国家が、国民の政治的、経済的、又は社会的の関係を定めるに当り、その人種、信条、性別、社会的身分又は門地により、差別を設けてはならぬことをいうのである。国家が法を適用する場合のみでなく、法をつくる場合でもそうであり、又法と関係なく、行政を為す場合にもそうである。故に、国家がすべての国民に対して同等に法を適用するという、前示法的平等とは異る」（佐々木・憲法論四二六）と説明される。

同じ様な立場は又「法の下の平等」とは「法の定めた同じ要件をそなえた者は同じ法的取扱いを受ける」（大石・日本国憲法の法理二二二）とする。略同旨（田畑・公法研究一八号四）。

これらの説と多数説との相異は、要するに憲法解釈の態度或はその方法の相異からくるものといえよう。

三　「人種」「信条」「性別」「社会的身分」「門地」による差別の意義

一　「人種」による差別

人種による差別の問題は、あらゆる海外領土を喪失したわが国において、異人種でわが国の統治の下に服する者が殆んどないから、今日ではかゝることは非常に少く、判例もあげるべきものは一にとどまる。

㈠　外国人に対する差別——外国人の入国手続について　外国人登録令は、外国人がわが国に入国するにあたり、これを制限することを定め、日本国民と異った手続を必要とすることを定めるが、かかる法令は人種による差別だとする上告に対し、最高裁は、かかることは人種によって差別することにはならないとしている。

【1】「外国人登録令は外国人に対する諸般の取扱の適正を期することを目的として立法されたもので、

人種の如何を問わず、わが国に入国する外国人のすべてに対し、取扱上必要な手続を定めたものでありそしてこの様な規則は、諸外国においても行われていることであって何等人種的に差別待遇をする趣旨に出たものでないから論旨は理由がない」（最判昭三〇・一二・一四刑集七・二七五六）。

この事件で最高裁は「何等人種的に差別待遇する趣旨に出たものでない」としているので、ここにかかげたが、しかし本条で「人種」による差別というのは、日本国籍をもつ日本国民であり乍ら、人種が違うために差別を受ける場合であり、この事件はむしろかかる問題ではなく、もともと外国人なのであり、その点は争がないのであるから、或はここにいう「人種による差別」の問題ではなくて、この一四条が適用されるべき人の範囲の問題であろう。従ってこの点から尚後にも触れる（五の一の(三)）。

(二)　「人種」に関する学説　学説上「人種」の説明として、「『人種』とは人間の人類学的な種類をいう」（宮沢・コムメンタール二一〇）。とし、さらに「しかし『人種』の限界は、具体的にはきわめてアイマイな場合があるから、その結果として、『人種』の区別が法律上要求される場合には、実際にはしばしば、厳格に人類学的な標識だけでなく、多かれ少なかれ、そのほかの社会的な標識にもとづいて、その区別がなされることが多い。たとえば、ナチ時代のドイツは、ユダヤ人に対して公職に就く能力を否定したが、ユダヤ人であるかないかを人類学的な標識――皮膚の色、頭の形、背の高さなど――だけで決定することができなかったので、祖父母の多数がユダヤ教徒であった者はユダヤ人とみなす、というような――きわめて恣意的な――取扱いをせざるを得なかった。」（宮沢・コムメンタール二一〇）として、かかる社会的な標識にもとづくものもここにいう「人種」の中に入れている。その他「国籍法により日本の国籍を取得する者の中に異人種の者がありうる」が、これらの者も「差別的待遇をうけない」と説明せられている（註解・上三五一）。同趣旨（佐藤・講義案一三七その他）。

二 「信条」による差別

「信条」については、単に宗教的信条をいみするのか、或は広く、思想的、道徳的、学問的ないし政治的な信条も当然これに含まれるか否かの問題がある。元来歴史的には「信条」とは宗教的信条をいみしたのであろうが、次第に広く解される傾向にあり最高裁もその様に解している。

(一) 政治的信条に基く解雇――レッドパーヂについて

「信条」に関する判例として、レッドパーヂに関するものがある。即ち、解雇が単に共産党員であることのみを理由として行われたものであるから、かかる解雇は憲法一四条、労働基準法三条に違反したものであるという上告に対して、最高裁は当該解雇は、上告人が共産党員であること若しくは単に共産主義を信奉するということ自体を理由として行われたものでない、としている。従ってこの判決では直接に、政治的信条に基く解雇が憲法違反であるか否かについて示しはしなかったが、ただこの事から逆に推察して、判決は若しも解雇が単に共産党員であることと或は共産主義を信奉するということ自体を理由としてなされる場合は憲法違反であり、一四条のいう「信条」には政治的思想も含まれるという立場をとっているものといえよう。

【2】「原審の認定するところによれば本件解雇は、上告人等が共産党員若しくはその同調者であること自体を理由として行われたものでなく、右解雇は原判決摘示のような上告人等の具体的言動をもって、被上告

人会社の生産を現実に阻害し若しくはその危険を生ぜしめる行為であるとし、しかも労働協約の定めにも違反する行為であるとして、これを理由になされたものである、というのである。そして原審の認定するような本件解雇当時の事情の下では、被上告会社が上告人等の右言動を現実的な企業破壊的活動と目してこれを解雇の理由としたとしても、これをもって何等具体的根拠に基かない単なる抽象的危虞に基く解雇として強いて非難しえないものといわねばならない。してみると、右解雇は、もはや上告人等が共産党員であること若しくは上告人等が単に共産主義を信奉するということ自体を理由として行われたものではないというべきであるから、本件解雇については、憲法一四条、基準法三条違反の問題はおこりえない。」(最判昭三〇・一一・二二民集九・一七九三)。

尚、同様なレッドパージの事件において、下級審では「信条」は宗教的信条のみをいみするという見解を示し「信条による差別」について次の如くのべている。

【3】 「憲法第十四条……にいう信条とは既に有力な学者によって解明せられている通り、専ら宗教的信条を意味するので政治的な主義信念等迄包含するものではない。仮に之を広く政治的な主義信念等をも含むものと解しても、同条は本来民主主義の根本思想である平等主義、すなわち「すべての人が人間として等価であり従って総ての人を人間として等しく尊重するという考え」に立脚した規定であって、斯様な個人人格の尊重については自覚の不十分であった封建的な社会に於ては人種や社会的身分や性別や宗教的信条を異にすると言う唯それだけの理由によって人間的に尊重のあるものとして、不合理な差別待遇をした歴史的事実に省み、この種の差別待遇から生ずる弊害を根絶せんとする趣旨に出でたものに外ならない。従ってこれは他に正当な理由がないに拘らず、単に人種、性別、社会的身分それ自体、及び信条そのものを理由として差別待遇をしてはならないことを意味するものであって、或る信条が単なる信条の域をこえて行動段階に達したならば、その行動及び之に因って形成された状態について別に夫々評価の上それに相当する正当な或は社

会的にみて合理的な取扱いをすることは――たとえそれが他の者と異った取扱となつたとしても――何等本条の禁止するところではない。それは既に信条自体を理由とする差別的取扱とはいえないし、又差別するだけの合理的理由の備った取扱は所謂差別取扱ではないからである。例えば共産党員が職場規律を破壊したり、不断減産運動をしたりして企業能率を低下せしめ国民経済の運行に障害を与えることが共産革命への捷径なりと確信し、党員にそのような指令を発し、党員が之に従って職場規律を破壊する行動に出でたり、正当な争議行為によらずして理由なく働かなかったりするならば、たとえそれが共産主義乃至共産党員の信条の当然の結果たる行動であったとしても、その行動の故を以て解雇せらるる事は当然であって斯る解雇までが本項の保護を受け得るものでない事は何人も異論はないであろう。……尤も共産主義の信条を有する結果組合活動を活発に行った為にそれを理由乃至動機として解雇され或は差別待遇を受けた場合はその組合活動が正当なものである限り、団結権及び団体交渉権を保障する憲法第二十八条及之を具体化した労働組合法第七条等によって救済さるべきものであるけれども之は本条に何等関係がない。本書に所謂信条はそのような場合を救済する趣旨で掲げられているのではなく本来憲法第二十八条の問題である。……以上によっても憲法第十四条が――信条の意義の広狭如何に拘らず――信条そのものを理由とする不合理な差別取扱のみを禁ずる趣旨であることは明らかであろう。然るに前認定の日本共産党の実態と証人吉村正夫の証言とを総合して考察すれば、本件において被申請会社が申請人等を解雇した根本の理由は、申請人等が単に共産主義の信条を有する事実それ自体にあるのではなく、申請人等が前認定の如き暴力革命を企図する一つの強力な権力組織たる日本共産党の一員となり、又はその同調者となって党の指令又は方針に従って一朝有事の際に報道の機械設備の破壊等不穏な行動に出ずる危険あるや是等の者が社内に細胞組織を拡大することによって、やがては情報の蒐集記事取材の取捨選択にも公正を期し難くなり新聞の公共使命たる報道の真実と自由が害される危険ある事を身近に痛感したが為に他ならず、即ち本件解雇は被申請会社が如上危険を防衛することにやむを得ない自衛措置として為したものと一応認め得るから申請人等の信条（広義）それ自体を理由として人格的な差別待遇をしたものでないことは明らかである。……従って之は本条の問題外であってその措置の適法なりや否やは全く別個の観点から論定すべきものである。」（福岡地裁小倉支判昭和二五・一〇・九）。

尚この判決において、解雇したものが、国家機関ではなく、一私人としての会社であるから、一四条の拘束を果してうけるか否かの問題を論じた部分があるが、この点は後に引用（五の二）して、そこで説明する。

(二)　「信条」に関する学説　通説は「信条」を広く解釈し、単に宗教上の信条のみならず、思想上、或は政治的信条等をもこれにふくめている。従って「人生ないし政治に関する根本的な考え方ないし信念（世界観・根本的政治観など）」もこれに含むとする（宮沢・コムメンタール二二一）。

又この条項によって、「或る宗教に属する法人を特に租税の上で優遇したり、或いは裁判所の宣誓に特定宗教の方式を採用したりすることは許されない。思想上の主義による差別は従来思想犯についての保護観察の如き制度にみられたのであるが、かかる不平等な法的取扱は、思想及び良心の自由の保障とあいまって今後許されないところである」（註解・上三五〇）としている。同趣旨（清宮・要論七六、佐藤・憲法一一二）。

その他判例批評として、前掲福岡地裁の判決【3】が「信条」を単に宗教的信仰とのべていることに対し、政治的主義、政治思想の信念も当然「信条」に含まれるとするものがある（鈴木・労旬四九三・田畑・法律タイムズ四・一〇・三）。

三　「性別」による差別

性別による差別については、男女の肉体的本質的差異にもとづき、当然生ずる法的取扱の差異が問題となる。判例としては、とくに男子のみに、又は女子のみに特有な犯罪を処罰することについての問題がある。

㈠　男子のみの処罰——強姦罪について　処罰の対象を男のみに限り、婦女の貞操のみを保護する刑法一七七条は一四条違反であるとする上告に対し、最高裁は刑法のこの規定が婦女を保護し、犯罪主体を男性に限ることをみとめながら、これは男女両性の生理的肉体的等の事実的差異に基くもので、社会観念上合理的な差別であるとしている。(「合理的差別」については尚後述四の二の㈡参照)。

【4】「憲法一四条一項の規定が国民を政治的、経済的又は社会的関係において原則として平等に取扱うべきことを規定したのは基本的権利義務に関し国民の地位を主体の立場から観念したもので国民がその関係する各個の法律関係においてそれぞれの対象の差に従い異る取扱を受けることまで禁ずる趣旨を包含するものでないこと並びに、国民の各人には経済的、社会的その他種々な事実的差異が現存するのであるから、一般法規の制定又はその適用においてその事実的差異から生ずる不均等があることは免れ難いところであり、従ってその不均等が一般社会観念上合理的な根拠のある場合には平等の原則に違反するものといえないことは夙に当法廷の判例とするところである……そして刑法が前記規定を設けたのは、男女両性の体質に構造機能などの生理的、肉体的等の事実的差異に基き且つ実際上強姦が男性により行われることを普通とする事態に鑑み、社会的、道徳的見地から被害者たる『婦女』に対し法律上の特権を与え又は犯罪主体を男性に限定したるの故をもって刑法上男性を不利益に待遇せんとしたものではないことはいうまでもないところであり、しかもかかる事実的差異に基く婦女のみの不均等な保護が一般社会的、道徳的観念上合理的なものであることも多言を要しないところである。されば刑法一七七条の規定は憲法十四条に反するものとはいえない。…

…」（最判昭二八・六・二四）。（刑集七・一三六六）

㈢　女子のみの処罰――売春処罰について　尼崎市条例が同三条に「売春をした者は五千円以下の罰金又は拘留に処する。常習として売春をしたものは三月以下の懲役又は五千円以下の罰金に処する」とし、同二条に「この条例で売春とは報酬を受け、又は受ける約束で不特定の相手方と性交又は性交の類似行為をすることを言う」と定めているのに対して、女のみを処罰して相手方たる男を処罰しないのは一四条違反であるとする上告に対し、最高裁はこの処罰の対象となるものは必ずしも女性のみに限らないから、男女によって差別してはいないのであり、男女をとわず報酬をもらって性交又はこれに類似する行為をなしたものは処罰するものである、とした。従って判決では一四条の問題ではなく、単に尼崎市条例の解釈問題に帰している。しかし第一審においては、売春した女性（社会通念上一部例外を除き殆んどが女性）のみを処罰の対象とすることまで憲法一四条は禁止する趣旨ではないむねを判示している。

【5】　「所論尼崎市売春条例三条……の処罰の対象となるものは必ずしも女性のみに限らないこと原判示の通りであるから、女性のみを処罰の対象とするが故に同条が憲法十四条に違反するとの論旨はひっきょう右条例二条の趣旨を正解せざるにもとずくものといわなければならない。……また同条例には、売春行為の相手方となるものを処罰する規定を欠くことは所論のとおりであるけれども、右条例三条は『報酬を受け、もしくは受ける約束で』性交又はこれと類似の行為をするものを処罰するのであり（この行為に関するかぎり男女を差別しないことは前述の通りである）すなわち『報酬を受けもしくは受ける約束で』というのは同条による処罰条件であって対価を払ってその相手方となるものはもとより行為の態様を異にすることであり、

かかる要件の有無によって一方を処罰し他方を処罰しないとするのは一に刑事政策上の理由にもとづくものに過ぎず……男尊女卑の思想に出でて性別の故にかかる区別をしたものではない……。」（最判昭三二・六・八刑集一一・一六三八）。

右の第一審判決は次の如くである。

【6】「……本件について言えば売春したもののみを処罰の対象としたのはそのものなどが関係する各個の法律関係においてそれぞれの対象の差に従い異る取扱を受ける。即ち売春した女性（社会通念上一部例外を除き殆んどが女性）のみを処罰の対象とすることまでを禁止する趣旨でない……」（尼崎簡判昭二九・五・二九）。

尚、この判決については後にもふれる（四の二の(二)）。

㈢　「性別」に関する学説　学問上の説明として、性別による差別を禁止する結果、「一切の選挙における選挙権及び被選挙権の平等、官公吏任用の資格や公の採用試験における受験資格の均等が男女間に要求され、又教育を受ける権利、健康で文化的な最低限度の生活を営む権利、勤労の権利等を平等ならしめる要があり、賃金等の勤労の条件を性別に基く区別は許されない」（註解・上三五〇）とのべている。又「明治憲法時代に、選挙権、被選挙権が男子にのみ与えられ、民法で妻が無能力者とされ、刑法では妻の姦通のみが罰せられるのは、いずれも『性別』にもとづく差別」（宮沢・コムメンタール二一二）であると説明している。しかし「現在でも、男女の肉体条件のちがいにもとづき、女について再婚禁止期間が定められ（民法七三三条）女子の労働時間や労働時刻が制限され、さらに生理休暇や、育児時間について女子の特別扱いがみとめられる（労基法六一条以下）が、これらが法の下の平等に反するわけでないことは、明瞭である。」（同上二一二）としている。

四　「社会的身分」又は「門地」による差別

「社会的身分」のいみは言葉として明確を欠くので、これに基くいろいろの訴があり、判例が示されている。尚「門地」については判例も少く、「社会的身分」と関連しているのでここで共に取り扱うことにする。

㈠　親族上の身分による差別——尊属殺の処罰について　「社会的身分」の中に親族法上の身分、即ち親、子、孫乃至夫婦、兄弟等の身分が入るか否か、かかる身分による差別は憲法上如何ということが問題になる。そして尊属殺人を通常の殺人よりとくに重く罰する刑法二〇〇条及び二〇五条二項は、親族上の身分によって、法律上国民を区別して取扱うものであるから、違憲でないか否かゞ争いとなった。下級審では刑法二〇五条二項を違憲とし、適用を拒んだため、跳躍上告となったが、最高裁は多数意見をもって幾つかの根拠をあげて同条を合憲と判決した。しかし少数意見も発表されている。

【7】　「おもうに憲法一四条が法の下における国民平等の原則を宣明し……たのは、人格の価値がすべての人間について平等であり、従って人種、宗教、男女の性、職業、社会的身分等の差異にもとずいて、あるいは特権を有しあるいは特別に不利益な待遇を与えられてはならぬという大原則を示したものに外ならない。奴隷制や貴族等の特権が認められず、又新民法において、妻の無能力制、戸主の特権的地位が廃止せられたごときは、畢竟するにこの原則に基くものである。しかしながら、このことは法が、国民の基本的平等の原則の範囲内において、各人の年齢、自然的素質、職業、人と人との間の特別の関係等の各事情を考慮して、道徳、正義、合目的性等の要請より適当な具体的規定をすることを妨げるものではない。刑法において尊属親に対する殺人、傷害致死等が一般の場合に比して重く罰せられているのは、法が子の親に対する道徳的義

務をとくに重要視したものであり、これ道徳の要請にもとずく法による具体的規定に外ならないものである。原判決は、子の親に対する道徳的義務をかように重要視することを以て、封建的、反民主主義的思想に胚胎するものであり、また「忠孝一本」「祖先崇拝」の思想を基盤とする家族主義社会においてのみ存在を許さるべきものであるというが、夫婦、親子、兄弟等の関係を支配する道徳は、人倫の大本、古今東西を問わず承認せられているところの人類普通の道徳原理、すなわち学説上所謂自然法に属するものといわなければならない。従って立法例中普通法の国である英米を除き、尊属殺に対する罪を普通の場合より重く処罰しているものが多数見受けられるのである。しかるに原判決が子の親に対する道徳をとくに重視する道徳を以て封建的、反民主主義的と断定したことは、これ親子の間の自然的関係を、新憲法の下において否定せられたところの、戸主を中心とする人為的、社会的な家族制度と混同したものであり、畢竟するに封建的、反民主主義的の理由を以て既存の淳風美俗を十把一束に排斥し……ているものと認められるのである。さらに憲法一四条一項の解釈よりすれば、親子の関係は、同条項において差別待遇の理由としてかかぐる、社会的身分その他いずれの事由にも該当しない。また同条項が国民を政治的、経済的又は社会的関係において原則として平等に取り扱うべきことを規定したのは、基本的権利義務に関し国民の地位を主体の立場から観念したものであり、国民がその関係する各個の法律関係においてそれぞれの対象の差に従い異る取扱を受けることまでを禁止する趣旨を包含するものではないのである。原判決は被害者が直系尊属なる場合においてとくに重い法定刑を適用することを以て、人命保護及び科刑の面において国民中に特殊と一般との区別を設くることになり、従って尊属親を一般の者よりもとくに厚く保護することになり、法律上不平等の結果を招来する趣旨を述べているが、立法の主眼とするところは被害者たる尊属親を保護する点には存せずして、むしろ加害者たる卑属の背倫理性がとくに考慮に入れられ、尊属親は反射的に一層強度の保護を受けることとあるものと解釈するのが至当である。なお原判決は親族間の愛情が法律をまってはじめてしかるものではなく、親族関係は刑の量定の分野において考慮されることは格別、法律を以て不平等を規定する合理的根拠を欠くものと断定するが、もし原判決のいうように子の親に対する倫理を強調することが封建的、反民主主義的であり、従ってそれを基礎とする法律が違憲であるとするなら、これを情状として刑の量定の際に考慮に入れて判決することもその違憲性において変りないことになるのである。逆にもし憲法上これを情状として考慮し得るとするならば、さらに一歩を進めてこれを法規の形式において客観化することも憲法上可能であるといわなければならない。原判決は被害者が直系卑属またはその配偶者なる場合には、刑法二〇五条一項の規定の適用があることを指摘し被害者が直系尊属なる場合との不均衡従って不平等を非難するが、この種類の犯罪に関し、被害者たる親族の範囲を如何に区劃するやは、立法政策との問題であり、各国の立法例によるも必ずしも一致していないのであり、従って原判決がこの点を指摘して以て本条項の違憲性を認めるのは、憲法論と立法論とを混同するものである……。」（最判昭二五・一〇・一一刑集四・二〇三七）。

真野裁判官の少数意見。

「一……結局民主主義とは、個人と個人との基本的人権が対等であることが基底である。かかる法の下における平等の原則は、多年に亘る歴史的成果として広く一般に承認せられ、新憲法一四条において明らかに宣言されたところのものである。……本件の刑法二〇五条において直系尊属に対する傷害致死について普通の傷害致死と区別し特に重い刑を科することは、明白な差別待遇であって、前記法の下における平等の大原則に反し、憲法一四条に違反するものと言わねばならぬ。……二、……本件刑法二〇五条の直系尊属に対する傷害致死の重罰規定は、前記憲法の例示規定の正条にいわゆる『社会的身分……により政治的……差別』をすることに該当し、この点から言っても憲法違反である。多数意見はしきりに親子の道徳を強調するが……子の親（直系尊属）に対する道徳の中から、正しい民主主義的な尊厳、人格の尊重に基く道徳を差引いたら、その後に……残るの……は、（一）子の親に対する自然の愛情に基く任意的な服従奉仕と、（二）親の恩に対する報恩としての服従奉仕の義務に過ぎない。これらは、本来個人の任意に委さるべきものであって、法律上の権利義務関係となし又はその他の法律上の保護を与えるには適当しないのである。却つて法律上の強制を与えないことによってますます自由な感覚の下に道徳的価値を純化し高揚せしめなければならぬ領域に属するものである。純理からすれば合理的民主的国家組織においては、道徳的なものと法的なものとが区別されずに混りあっている原始社会におけるとは異り、道徳的なものと法的なものとをそれぞれ独自の領域に従つて分つことを必要とする。そして道徳と法律との営む独自の機能の差異を吟味した上で、法律と道徳と矛盾しないように制定することを要するのである。古往今来、子の親に対する道徳は、一般に孝と呼ばれ、海よりも深く山よりも高いといわれた親の恩に対する報恩感謝としての絶体的服従奉仕の義務を中心とした。かようにいわゆる孝道の核心は報恩である点において、封建武士の知行、扶持、禄に対する報恩を核心とする封建的主従関係と同じ根本原理に立つものである。この孝道は、社会的構成において身分的上位にある親と身分的下位にある子との間の、すなわち身分的に不平等な人間の間の関係であって、平等な個人の間の関係ではない。かくていわゆる従来の孝道は、家族制度の基本であり、一種の権力支配関係である家長制の基礎であり、同時に封建的色彩の濃厚なものであったのである。……新しい孝道は、人格平等の原則の上に立つて真に自覚した自由な強いられざる正しい道徳であらねばならぬ。かくのごとく、親と子の間には従来永く社会的身分に上位下位の差別があり、これによって生じた孝道規範の一として定められた親殺し重罰、尊属に対する傷害致死重罰の規定は、憲法一四条の例示規定そのものにも違反するのである。……三、……多数意見は、刑法が尊属に対する傷害致死等について重罰を科しているのは、子の親に対する道徳的義務を重要視したものであ……ると言っている。しかし……不平等な規定が道徳の名の下に無暗に……作り得られるものとしたら、民主憲法の力強く宣言した法の下における平等の原則は、果して何処へ行ってしまうであろうか。……刑法の尊属殺の規定に……平等の大原則を破り得るほどの必要な合理的根拠は存しないのである。

……四、……さらに対象の異るに従って保護に厚薄があることが平等原則に反することは、後述の皇室に対する罪の廃止された際の経緯と経過に徴しても明らかではないか。それは勿論対象に対する保護が一般に比して厚いことが民主主義のために不平等とされたのではないか。……五、……昭和二二年刑法の一部改正によって皇室に対する罪は廃止せられ、七三条ないし七六条は削除された。その理由は、天皇も憲法一四条の適用を受けるとの前提の下に、刑法における特別保護を差別的なものとして廃止しようとするにあったことは明白である。……これと同時に、理論上は尊属殺、尊属傷害致死等に関する規定も当然削除さるべきものであったが政治上の緩急は比較的小さいこの問題をそのまま後に残したに過ぎないのである。……」

穂積裁判官の少数意見。

「……(一) 多数意見は、(一四条…筆者註)『法が、国民の基本的平等の原則の範囲内において……道徳、正義、合目的性等の要請により適当な具体的規定をすることを妨げるものではない』とする。しかしながら、憲法に掲げた各種の大原則については、できるだけ何のかのという『要請』によってその範囲を狭めないように心がけてその精神を保持することが、殊に旧習改革を目指した新しい憲法の取扱い方でなければならないと考える。憲法一四条の『国民平等の原則』は新憲法の貴重な基本観念であるところ、実際上千差万別たり得る人生全般にわたって随所に在来の観念との摩擦を起し各種具体的除外要請を生じ得べく、あれに聰きこれに譲っては、ついに根本原則を骨抜きならしめるおそれがあることを、先ず以て充分に警戒しなくてはならない。上告論旨(4)は、憲法一四条は『いかなる理由があっても不平等を許さないとまでする趣旨ではない。……一定の合理的な理由があれば必ずしも均分的な取扱を要しないものである。』と言うが、さような考え方の濫用は憲法一四条の自壊作用を誘起する危険がある。平等原則の合理的運用こそ望ましけれ不平等を許容して可なりとなすべきでない。(二) 多数意見は、刑法の殺親罪規定は『道徳の要請にもとずく法による具体的規定に外ならない』から憲法一四条から除外されるという。しかしながら憲法一四条は、国民は

『法の下に』平等だというのであって、たとい道徳の要請からは必らずしも平等視せらるべきでない場合でも法律は何らの差別取扱をしない、と宣言したのである。多数意見は『原判決が子の親に対する道徳をとくに重視する道徳を以て封建的、反民主主義的と断定した』と非難するが、原判決は『親殺し重罰の観念』を批判したのであって、親孝行の道徳そのものを否認したのではないと思う。多数意見が『夫婦、親子、兄弟等の関係を支配する道徳は、人倫の大本、古今東西を問わず承認せられているところの人類普遍の道徳原理』であるというのは正にそのとおりであるが、問題は、その道徳原理をどこまで法律化するのが道徳法律の本質的限界上適当か、ということである。日本国憲法前文は、憲法の規定するところは『人類普遍の原理』に基くものであると言っているが、『人類普遍の原理』がすべて法律に規定せらるべきものとは言わない。多数意見は、親子間の関係を支配する道徳は人類普遍の道徳原理なるがゆえに、『すなわち学説上所謂自然法に属するもの』と言う。多数意見が自然法論を採るものであるかどうか文面に明らかでないが、まさか『道徳即法律』という考え方ではあるまいと思う。『孝ハ百行ノ基』であることは新憲法下においても不変であるが、……殺親罪重罰の特別規定によって親孝行を強制せんとするがごときは、道徳に対する法律の限界を越境する法律万能思想であって、かえって孝行の美徳の神聖を害するものと言ってよかろう。……(三)上告論旨(5)は、『尊属親関係は依然新民法の下にも是認されている』と言う。なるほど民法は……『尊属』『卑属』という言葉を使っているが、それは単に父母の列以上の親族を『尊属』子の列以下の親族を『卑属』と名付けただけで、実質上何ら尊卑の意味をあらわし取扱を差別しているのではない。新憲法下においては『尊』『卑』の文字を避けるとよかったのだが、適当な名称を思い付かなかったので、『目上』『目下』というくらいの意味で慣用に従ったのであろう。そして直系尊属なるがゆえにこれを扶養を受ける権利者の第一順位に置いた民法旧規定は、新憲法の線にそう民法改正によって消滅したのである。……(四)　多数意見は『憲法一四条一項の解釈よりすれば、親子の関係は、同条項において差別待遇の理由としてかかぐる、社会的身分その他いずれの事由にも該当しない。』と言う。上告論旨(3)も同趣旨である。これらは同条項後段に着眼しての議論であるが、その議論の当否はしばらく措き、憲法一四条一項の主眼はその前段『すべて国民は法の下に平等』の一句に存し、後段はその例示的説明である。その例示が網羅的であるにしてもその例示の一に文字どおりに該当しなければ平等保障の問題にならぬというのであっては、同条平等原則の大精神は徹底されない。そして多数意見は親に対する子の殺傷行為の方面のみから観察するが、その方面から観ても、同一の行為につき相手方のいかんによって刑罰の軽重があらかじめ法律上差別されているということは、憲法一四条一項の平等原則に絶対に違反しないとは言い得ないのである。(五)　さらに転じて、同じ犯罪の被害者が尊属親なるがゆえにその法益を普通人よりも厚く保護されるという面から観れば、問題の刑法規定が憲法一四条の平等原則に違反することは明白である。多数意見は『立法の主眼とするところは被害者たる尊属親を保護する点には存せずして、むしろ加害者たる卑属の背倫理性がとくに考慮に入れられ、尊属親に反射的に一層強度の保護を受けることとあるものと解釈するのが至当である。』と言うが、立法の主眼が果していずれにあるかは問題である。刑法二〇〇条についてはその点が明白でないが、……刑法二〇八条の暴行罪および同二〇四条の傷害罪においては、加害者が卑属なるがゆえに刑を加重せられるのではなくして、同二〇五条の傷害致死罪に至りはじめて被害者が尊属親なるによって重刑が科せられるのであるから、立法の主眼が尊属親の法益保護にないとは言えない。そしてたとい『反射的』にせよ尊属親なるがゆえに『一層強度の保護を受けることがある』以上、正に憲法一四条一項の平等原則に違反するといわざるを得ないのである。(六)　多数意見は……親であり子であることを『情状として刑の量定の際に考慮に入れて判決……し得るとするならば、さらに一歩を進めてこれを法規の形式において客観化することも憲法上可能であるといわなければならない。』と……する。しかし、法定刑に上限下限のひらきを設けて裁判所の情状による量刑にまかすことは現代の刑法上当然の立法であり、加害者、被害者の身分上の続がらがその情状の一つであることも無論さしつかえない。ただ『さらに一歩を進めてこれを法規の形式において客観化すること』が『法の下に平等』の憲法原則に違反し得るのである。（七）　上告論旨(2)は『尊属と卑属との関係は……如何なる人においても存するのであって、それは必ずしも或る特殊の人に対して社会的な差別を認めたものとは考えられない』と言う。それは結局『尊属』『卑属』の関係を憲法一四条一項の『社会的身分』に当てはめまいとした議論であるが、身分なるものは必ずしも特殊的確定的なるを要せず、時に随って変転するものでもさしつかえない。ともかくも特定の時において尊属たる身分に在りそしてその身分のゆえに卑属たる身分に在るのとは違った待遇を受けることが法律できまっていれば、『法の下に平等』とは言い得ないのである。（八）　上告論旨(6)は『今後の立法問題として、かかる特別な規定を設け置く要ありや否やの問題と、今日現に存するこの種規定がはたして憲法に違反するかどうかの問題とは、厳に区別さるることを要するとし、多数意見も右の論旨を是認して、原判決は『憲法論と立法論とを混同するものである』と非難する……なるほど憲法論と立法論とを混同すべきではあるまい。しかし前に述べたとおり、刑法二〇〇条と同二〇五条二項との不合理はかなりに著明であり、そしてそれは新憲法前の規定で、新憲法の制定とそれに伴う民法の改正とによってその不合理が増大したのであるから、右条項は憲法一四条一項と併せて同九八条一項により、憲法施行と同時に効力を有しないことになったのではないかとさえ考えられる。そしてこれまた前に述べたとおり、これら特別規定なくも普通規定によって不孝の子を懲罰するに甚しく妨げないのであるから、問題の刑法規定の違憲性を論ずるに当り立法上の不当と不要とを一論拠とするのも必らずしも見当違いではないのである。」

尚、斎藤裁判官の補足意見もあるが、ここでは省略する。ただこの補足意見においては、後述（四の一の㈠）の「政治的関係・経済的関係・社会的関係の意義」について触れるところがあるので、その部分はそこで引用する。

要するに最高裁はこの判決において、㈠　一一四条一項後段はその前段の説明的規定であること、

㈡　「人種、信条……」以外のことがらでも、道徳、正義、合目的性に基いて法が具体的差別規定をすることを妨げないこと、㈢　尊属殺をとくに重く処罰することは正当な道徳に基くこと、㈣　親子の関係は一四条の「社会的身分」その他いずれの事由にも該当しないこと。㈤　「政治的、経済的又は社会的関係において」平等たることは、国民がその関係する各個の法律関係において、それぞれの対象の差に従い異る取扱を受けることまでを禁止するものではないこと、等のことを明らかにした。

右の諸論点のうちここでは㈣の点から引用したわけであるが、㈠については前にも（二の一）引用した。㈡、㈢、㈤についても後にもなお引用する（四の二の（二））。判例のかゝる論に対し、少数意見のうち前者は㈠、㈡は前提しないが、㈢、㈣で反対し、尊属殺をとくに重く処罰することの基礎にある道徳は今日では適当或は合理的なものではないこと、親子関係は「社会的身分」に入ることなどを主張し、後者の少数意見は判決の㈡について、批判するとゝもに、㈢については、尊属殺を重く罰することの基礎にある道徳は正しいが、法律で保護すべきものではないこと、㈣については、後段は前段の例示的説明で、その例示の一に文字通り該当しなければならないわけでないとすると共に、身分なるものは必ずしも特殊的、確定的なるを要せず時に従って変転するものでもさしつかえないこと等を明らかにしたことになる。

尚、刑法二〇〇条の合憲性につき同趣旨（最高裁二四・（れ）二一〇五号、昭二五・一〇・二五刑集四・二一二六、東京高判昭二五・一〇・二四高刑特報一五・一一）。

さらに刑法二〇五条二項を違憲とした福岡地裁判決は次の如くである。

【8】「検察官は本件公訴事実に対する罪名を尊属傷害致死、罰条を刑法第二百五条第二項としているが、

日本国憲法第一四条のすべて国民は法の下に平等であるべき旨の宣言と、右憲法の支柱たる民主主義精神及び基本的人権保障の精神に鑑みて、前記法条項の合憲性に付考察するに該規定は之を其の発生史的に顧れば子に対して家長乃至保護者又は権力者視された親への反逆として主殺しと並び称せられた親殺し重罰の観念に由来するものを所謂じゅん風美俗の名の下に温存せしめ来ったものであって、既に此の点に於て多分に封建的反民主主義的、反人権的思想にはいたいしたものとして窮極的に人間として法律上の平等を主張する右憲法の大精神に牴触するものであり、而して親父母、父母に対する告訴、告発禁止の規定廃止の事実は端的に之を指示するものと謂うべき処、更に之を論理に照して考えれば該規定が同条第一項の一般規定に対し其の被害者の特殊性に応じて特に加害者に対し重い法定刑を適用すべき旨を規定していることは、同一加害者が一般の人を傷害して因て死に致した場合に於ては同条第一項の一般規定が適用されるに対し被害者が加害者又は其の配偶者の直系尊属である場合には特に重い法定刑が適用されることを意味し、此の結果は基本的人権中の最重要なる人命保護及び科刑の面に於て法律上国民中に特殊と一般との区別を設けることになり、更に加害者が自己の直系卑属又は配偶者を傷害し因て死に致した場合に於ては加害者は同条第一項の一般規定の適用を受けるのに対し被害者と加害者とが右の逆の関係に在る場合に於ては特に右通常の規定より重い法定刑を適用することを意味し、此の結果は亦人命保護及び科刑の面に於て法律上国民中に個人対個人の関係に於て差別を設けることになり、孰れも著しく法律上不平等な結果を招来することは明かである。……然らば右法律上の不平等を認容するに足る何等かの合理的根拠があるかどうかに付考察するに抑々親子（他の自己又は其の配偶者の直系尊属も同様）は両者の本質的愛情の意識によって結ばるべきものであって、此の両者間の愛情は法律の規定を俟って然るものではなく、而もそれは一般人に対するそれよりは相互に深く且つこまやかである。従って人を傷害し死に致すことが刑法上処罰される以上個々の場合に応じて刑の量定の分野に於て考慮されることは格別特に一般人と区別して直系尊属を保護しなければならない合理的根拠は見出せない。寧ろ斯る差別的重罰規定は現代人の意識に照して正に不要不当のものとしか考えられないし、而も斯る重罰規定は前述の如く多分に封建的、反民主主義的、反人権的思想にはいたいしたものと認められるから上述の憲法の精神に照して右法律上の不平等を認容すべき正当なる合理的根拠を見出すことは不可能であると確信する。」（最判昭二五・一〇・一一刑集四・二〇七〇）。

尚、これら尊属殺事件についての判例批評は後述する（三の四の(一〇)）。

㈡　公務員の地位に基く差別　一定の職業にあることは「社会的身分」になるか、即ちある職業にある人をとくに差別することは、本条に違反するかの問題がある。

⑴　公務員の地位に基づく量刑上の考慮　公務員の犯罪行為について、裁判所が量刑上とくにその地位にあることを考慮したような場合、一四条違反にならないかが問題となった。これに対し最高裁は、下級審が公務員の犯行として最も忌憚すべき性質のものと認めて、刑の執行を猶予しなかったとしても、公務員なる故に差別したことにはならず、憲法一四条に違反するものではないと判示した。

【9】　「原審が第一審判決の量刑を相当であると判示して、被告人に刑の執行猶予を言渡さなかったのは、被告人の本件犯行が原判決に説示するような公務員の犯行として最も忌憚すべき性質のものであり且つその動機が遊女に溺れて遊興費に窮した結果であると認めその犯情決して軽いものではないと思料したからであることは判文に徴したやすく理解されうるところであって、所論のように原判決は公務員と公務員に非ざる者を区別し被告人が公務員の身分を有していない者であるなら刑の執行猶予を言渡すのが相当であるが、被告人は公務員の身分を有する者であるから第一審判決の量刑は相当であるとの趣旨を判示していないことは判文上明らかなところである。そして犯情によって刑の執行を猶予するかしないか等の犯人の処遇を異にす

ることは憲法一四条に違反するものでない……（最判昭二六・二・一　刑集四〇・五）。

同様な趣旨として、下級審が量刑の当否を判断するにあたり、諸般の事情と共に被告人の公務員としての地位に伴う社会的道義的責任を斟酌しても、憲法一四条に違反しない旨を示している。

【10】「……原判決……の趣旨とするところは、被告人の年齢、経歴、公務員としての地位に伴う社会的、道義的責任は弱年の小吏に比して遥かに重いものであり、当時の被告人の家庭的、経済的事情や犯情を併せ考慮すると、控訴趣意において主張されたような被告人にとって有利な事情を斟酌しても、その情状はなお決して軽いものではないということを示したものと解するのが相当であり、所論のように公務員中比較的高い地位を有する者と小吏とを抽象的に区別して、仮に被告人が小吏であったとしたならば刑の執行猶予を言い渡すべきであるが、高い地位を有する者の犯行なるが故に、他に如何なる有利な事情があろうとも執行猶予を与うべきではないとの趣旨を判示したものと解すべきでない。即ち論旨はその前提において原判決の趣旨を誤解したものであり、犯情によって、犯人の処遇を異にしても、何ら憲法一四条に違反するものでないと解すべきことは当裁判所の判例の趣旨とするところであるから、論旨はその理由がない。」（最判昭二六・五・一八　刑集五・一一七五）。

しかしこれらの判決では、量刑上公務員としての行為であることが考慮されているが、しかし公務員なるが故に、あるいは高い地位の公務員なるが故にする差別ではないから合憲であるとしているものである。従って、逆に公務員なるが故に、或は高い地位の公務員なるが故に、裁判上差別したならば本条違反になると言う見解であるようにもみえる。しかし次にのべる【11】においては、公務員なる故にする差別であるが、判例は尚合憲としている。

(2)　公務員に対する政治的活動の禁止　公務員法一〇二条は特定の政治活動をなすことを公務員に禁止しているが、このことは公務員であるという職務上の地位によって、政治的活動の自由を奪うもので憲法一四条違反であり、又国家公務員法所定の一般職と特別職との間に差別をなすことは不合理であるとの上告に対し、最高裁はかかる差別は合理的根拠に基くものであり、公共の福祉の要請に適合するものであって憲法一四条に違反しないとして判示している。

【11】「……およそ、公務員はすべて全体の奉仕者であって、一部の奉仕者でないことは、憲法一五条の規定するところであり、また行政の運営は政治にかかわりなく、法規の下において民主的且つ能率的に行われるべきものであるところ、国家公務員法の適用を受ける一般職に属する公務員は、国の行政の運営を担任することを職務とする公務員であるから、その職務の遂行にあたっては厳に政治的に中正の立場を堅持し、いやしくも一部の階級若しくは一派の政党又は政治団体に偏することを許されないものであって、かくしてはじめて、一般職に属する公務員が憲法一五条にいう全体の奉仕者である所以も全うせられ、また政治にかかわりなく法規の下において民主的且つ能率的に運営せらるべき行政の継続性と安定性も確保されうるものといわなければならない。これが即ち、国家公務員法一〇二条が一般職に属する公務員について、とくに一党一派に偏するおそれのある政治活動を制限することとした理由であって、この点において、一般国民と差別して処遇されるからといって、もとより合理的根拠にもとづくものであり、公共の福祉の要請に適合するものであって、これをもって所論のように憲法一四条に違反するとすべきではないのである。……なお論旨は、特別職に属する公務員のうちに政治的行為の制限を受けていない者（例えば内閣総理大臣、国務大臣等）のあることを挙げ、一般職公務員との間に差別あることを云為するが、これら特別職に属する公務員は、その担任する職務の性質上、その政治活動がその職務となんら矛盾するものでないばかりでなく、かえって政治的に活動することによって公共の利益を実現することをも、その職分とする公務員であって、前示のごと

く政治と明確に区別された行政の運営を担当し、この故につよくその政治的中立性を要求される一般職に属する公務員とは著しくその性質を異にするものであるから、右のごとき差別は、また、合理的根拠にもとづくものであり、公共の福祉の要請に適合するものであって、所論憲法一四条違反の主張は採用することはできない。」(最判昭三三・三・一二刑集一二・三・五〇一)。

ここでは公務員なるが故にする差別であることは争いがなく、且つ判例も公務員が、「社会的身分」であることについては否定もしていない。ただそれが合理的根拠をもつ差別であるから一四条違反でないとしたものである。尚「合理的」根拠による差別の問題については後述する(四の(二))。

㈢ 特定役職員に対する差別

(1) 農業会の会長、理事等の一定行為の禁止　　農業団体法六七条は地方農業会等の会長、理事等が当該団体の事業の範囲外において貸付若しくは手形の割引をなし、又は投機取引の為に当該団体の財産を処分することを刑罰をもって禁止しているが、市町村農業会の会員は強制加入であり、会長、副会長、理事若しくは幹事の諸役職員は強制加入せしめられた会員中より選任されるものであり、これらの役職員の行為を羈束制限する同条は違憲であるという上告に対し、最高裁は農業会の会員加入が強制であっても、農業会の会長、理事等は選任された場合、就任を受諾すると否とは全く自由意思によって決定せられるから、かかる行為の制限も合憲であるとした。

【12】「農業会の会員の加入が強制であっても農業会の会長、理事等は、選任された場合に自己の意思によらず強制的に就任せしめられる関係にあるのではなく、就任を受諾すると否とは全くその自由意思によって決定されるものである。それ故、本件において農業会の会長、理事等が、農業会の事業の範囲外における

貸付をすることを禁じこれに刑罰を課することを定めた農業団体法六七条の規定は、別段違憲と解すべきものではない……。」（最判昭三〇・三・一六民集九・四六一）。

(2) 国民金融公庫役職員に対する差別　前記(1)の場合と同様な見解は高裁においても示されている。即ち、国民金融公庫法一七条は公庫職員を国家公務員とし、さらに改正によりかかる役職員に対し刑法その他罰則の適用については一般人と差別することになっているが、これらの役職員は役職員となろうとするもの、自由意思に基き任命権者の任命により取得される身分関係であるから、憲法一四条にいわゆる社会的身分に該当しない、又不合理な差別でない、等の理由で合憲とされている。

【13】「……国民金融公庫法はかかる業務の公共性に鑑み、その役員及び職員の権利義務を国家若しくは公共団体の官吏公吏その他法令により公務に従事する職員の職務権限と実質的に異らないものとし、……法律第百五十三号をもって改正される前の国民金融公庫法……においては公庫の役員及び職員の身分を国家公務員とする旨の規定をおき、同法による改正後の国民金融公庫法……においては、刑法その他罰則の適用についてはこれを法令により公務に従事する職員と看做す旨の規定を設けたものである。而して国民金融公庫の役員及び職員たる地位は、それが公務員とされると否とに拘らずその役職員となろうとするものの自由意思に基き任命権者の任命により取得される身分関係であるから憲法一四条にいわゆる社会的身分には該当せずかかる役職員に対し一般人と異る職権職務を定めこれに対応する刑事責任懲戒又は服務規律を定めたからといって憲法第一四条にいわゆる法の下における平等に反するものでない。又公務員に対し、その権利義務の内容を定める法規がその職務内容に応じ、他の公務員と比較して多少の実質的な相違があったからといってそれが法の下における平等という理念に照らして不合理とみとめられない限りはかかる内容を有する法規が憲法一四条に違反するということも出来ない。所論は国民金融公庫の役職員がその雇傭、服務、給与災害

補償等において、一般の公務員と同等の待遇を受けていないのに刑法上公務員として瀆職の責任を問われるのは不当であるとし、前記国民金融公庫法の規定は憲法第一四条に違反するものであると主張するが所論は旧法時における公庫の役職員の処遇について必ずしも当らないのみならず、仮に所論の様な処遇上の差異があるとしても、これをもって直ちに同公庫の役職員に対し不合理な差別待遇を加えたものとはみとめられないから所論の国民金融公庫法の規定は憲法第一四条に反する無効のものであるとすることは出来ない。…」（東京高判昭三〇・一一・一〇 刑集八・一二〇二）。

しかしこのように自由意思によって、任命権者の任命によって取得する身分は本条の「社会的身分」に入らないとするならば、前記【11】等の公務員もやはり本人の承諾によって取得された身分であることになろう。しかし【12】の場合は自由意思に基く身分は社会的身分に入らないという理由だけに基いているが【13】の場合は、かかる論拠のみで一貫せずに公務員とかかる職員との差別については、かかる差別が不合理な差別でないかぎり一四条違反でない、という説明を補充している。しかし、何故「不合理でない」かの説明は存しない（尚後述四の二の（一）参照）。

㈣　特定業務に対する差別　特定業務者に対しとくに刑事上一般人と違った差別をなすことがここで問題となる。

(1)　業務上の横領処罰について　刑法二五三条により、業務上の横領をとくに一般の横領よりも重く処罰することは、業務上という社会的身分によって法律上差別するものであるという上告に対し、最高裁は、刑法二五三条は人の地位、身分によって差別を設けたのではなく、いかなる身分、地位にある人でも自己の業務に関して横領したときはこれが適用されるのであり、これは「業務に関する」という行為の属性についての区別であって、人についての区別ではないと判示した。

【14】「刑法第二五三条は人の地位、身分によって差別を設けたのではない。如何なる身分、地位にある人でも、自己の業務に関して横領したときはそれ以外の横領より重く罰せられるのである。又業務の種類によって差別を設けて居るわけでもない。如何なる業務でも同じなのである。即ち『業務に関する』という行為の属性についての区別であって、人についての区別ではない。何等の業務をもたない人は、右法条の罪を犯す機会がないわけだけれども、それはたまたまその機会を持たないというだけのことであって、その為第二五三条が業務をもったものともたないものとの間に差別を設け後者を前者より優遇する趣旨でないことはいう迄もない。同条は只前記行為の属性を目標として加重要件を定めただけであって、人によって差別を設けたのではない。即ち差別の目標は行為の属性にあるので、人の地位、身分にあるのではない。……すべての刑罰法条は只行為を標準として処罰要件を定めたものであって国民中に事実上所定の罪を犯す機会を持ち得ないものがあるからといって、その為法が右の如きものと然らざるものとの間に差別を設けたものといえないことはいう迄もあるまい。これと同様に刑法の中には行為の属性によって刑の加重要件を定めた条文は多々ある。例えば第一八六条、第二一一条等の如きである。」(最判昭二九・九・二一刑集八・一五〇八)。

同じ様な問題で、上告人が、業務とは、人がその社会上の地位において継続的に従事する仕事であり、その社会上の地位(身分)にない人が継続的に従事する仕事をしても業務とはいわない。……即ち業務とは社会上の地位(身分)にある人が始めて行いうるものであって、この社会上の地位(身分)にある人とそうでない人と区別するとするものである……と主張したのに対し、最高裁は業務上他人の者を占有するということは、犯罪者の属性による刑法上の身分であるが、憲法十四条にいわゆる「社会的身分」ではないとしている。

【15】「……刑法二五三条の業務上横領罪につき同二五二条の単純横領罪に比しその刑が加重されているのは業務上占有する他人の物を横領することが単純横領に比し反社会性が顕著で犯情が重いとされるからである。そして業務上他人の物を占有するということは犯罪者の属性による刑法上の身分であるが、憲法第一四条にいわゆる社会的身分と解することは出来ない……」（最判昭三〇・八・一八刑集九・二〇三一）。

(2) 業務上過失致死の処罰について　【14】及び【15】と類似する問題であるが、刑法二一一条により、業務上の過失致死をとくに重く処罰することは、業務者であると否とによって差別するものであるという上告に対し、同条は、いわば業務について特別の注意義務を定めたものであって、人が誰であるかはとうところでないとして業務上の横領の場合と同様にこれを合憲とした。

【16】「刑法二一一条が業務上必要な注意を怠り人を死に致した者について、業務にかかわりなき者より重い刑罰を定めているのは、人の地位身分によって差別を設けたものではなくいかなる地位身分にあるものでも、いやしくも一定の業務に従事するものはすべて同条の適用を受け又業務の種類によってもなんら異る取扱いをするものではない。ひっきょう同条は、いわば業務について特別の注意義務を定めたのであって人が誰であるかはとうところでなくそして人が一定の業務に従事しているということは、その人の属性による刑法上の身分であって憲法一四条の社会的身分といえないことは当裁判所の判例の趣旨に徴して明らかである。……」（最判昭三二・三・二六刑集一一・一一〇八）。

(五) 選挙犯罪処刑者に対する選挙権、被選挙権の停止　公職選挙法二五二条は、所定の選挙犯罪により一定の処罰を受けた者は一定の間、選挙権及び被選挙権を有しないことを定めるが、選挙犯罪による処刑者は憲法一四条の社会的身分の中に含まれるもので、従って、同条は憲法一四条及び四四条に違反する等の理由による上告に対し、最高裁はかかる選挙の公正を害する犯罪による処刑者が「社会的身分」になるか否かに答えずに、かかる処刑者は、選挙に関与せしめるに不適当なものとみるべきであるから、一定期間公職の選挙に関与することから排除するのは相当である旨を判示した。

【17】「同法二五二条所定の選挙犯罪は、いずれも選挙の公正を害する選挙犯罪であって、かかる犯罪の処刑者は、すなわち現に選挙の公正を害したものとして、選挙に関与せしめるに不適当なものとみとめるべきであるから、これを一定の期間、公職の選挙に関与することから排除するのは相当であって、他の一般犯罪の処刑者が選挙権被選挙権を停止されるとはおのずから別個の事由にもとづくものである。されば選挙犯罪の処刑者について、一般犯罪の処刑者に比し、特に、厳に選挙権被選挙権の停止の処遇を規定してもこれをもって所論の様に条理に反する差別待遇というべきではないのである。（殊に、同条項は、犯罪の態容その他状情によっては、第一項停止に関する規定を適用せず、又はその停止期間は短縮する等、具体的案件について、裁判によってその処遇を緩和するの途をも開いているのであって、一概に一般犯罪処刑者に比して甚しく苛酷の待遇と論難することはあたらない。……国民主権を宣言する憲法の下において公職の選挙権が国民の最も重要な基本的権利の一であることは所論のとおりであるが、それだけに選挙の公正はあくまでも厳粛に保持されなければならないのであって、一見この公正を阻害し、選挙に関与せしめることが不適当とみとめられるものは、しばらく、被選挙権、選挙権の行使から遠ざけて選挙の公正を確保すると共に本人の反省を促すことは相当であるからこれを以て不当に国民の参政権を奪うものというべきではない。……」（最判昭三〇・二・九刑集九・二・二一七）。

尚、これについて少数意見があるが、一四条を論拠とするものではないから省略する。

同趣旨の判例がつづいてなされている（最判昭三〇・五・二二刑集九・一〇三三）。しかしこれに対しては次の如き少数意見がある。

【18】　池田克裁判官の少数意見。

「……選挙権は主権在国民の日本国憲法の下においては国民にとっても重大な基本権の一つであるから、それらの保障の例外の場合を認めて国民の或るものを差別するとしても、その差別は、合理的な最少限度のものにとどめなければならない。国政上、何人にも首肯される理由のあるやむを得ない差別でなければならない。これを犯罪処刑者について云えば公職選挙法第一一条第一項が定めている一般犯罪処刑者の差別待遇は理由のあるやむをえないものであって、国民一般との関係において同条項程度の差別を設けても憲法違反をもって目すべきではないであろう。しかし犯罪処刑者をいわゆる欠格者とすることは、せいぜい、その程度の差別に極限されるべきであって、その限度を超えた差別規定を定めることは、憲法に牴触するものと解される。公職選挙法第一一条第二項によれば選挙犯罪処刑者に対する選挙権の停止については第二五二条の定めるところによるものとされ、同条第一項、第二項において厳しい特別の定めが為されているのである。かくのごときは、選挙犯罪処刑者なるの故をもって限度を超えてこれらのものの参政権をうばい、憲法の保障する基本権を犯すものであって、理由のない差別といわなければならない。……私も……選挙の公正が厳粛に保持されなければならないとすることにおいては、多数意見と見解を同じくする。しかし、このことを重視するの余り、一般犯罪処刑者と選挙犯罪処刑者との間に差別を設け、後者のうち、禁錮以上の処刑者に対し更に長期にわたる選挙権の停止期間を定めるの外、刑の執行猶予者に対しても、また罰金処刑者に対してまでも、それらのものの選挙権を停止する定めをすることは選挙制度として行き過ぎである。多数意見によれば、一旦選挙の公正を阻害し選挙に関与せしめることが不適当とみとめられるものは、しばらく選挙権の行使から遠ざけて選挙の公正を確保すると共に、本人の反省を促すことが相当であるからそれらのものの選挙権停止の特別処遇を規定してもそれらをもって不当に国民の参政権をうばうものと云うべきでないとするのであるけれども、第一にそれは、選挙権が、旧憲法の下におけると現行憲法の下におけるとでは、本質的に異っているものであることを過少評価するものであり、第二にそれは、旧憲法の末期に加えられた旧衆議院議員選挙法第一三七条の規定が現行憲法の施行後においても、なおそのままに公選選挙法第二五二条として踏襲されていることに深き思いをいたすことなく、ただ、選挙の、公正保持の必要性を過重評価し超えてはならない限界を逸脱している同条項を強いて合理化しようとするものである。……選挙犯罪者だからというので処刑者たることにおいて同様の地位にある一般犯罪処刑者と差別した処遇をなすことは、主権者としての国民の能動的地位を不当にうばい、または、うばうべきでないものから不当にうばうものであって、民主主義憲法の大趣旨にそわないものと云わなければならない。……かようにみてくると選挙犯罪処刑者の選挙権の停止を定めた公職選挙法の特別規定は、憲法の条規に牴触するものであり、無効であるといわなければならい。」

要するにこの種の判例では、選挙犯罪処刑者が「社会的身分」にあたるか否かを別として、かかる人々に選挙権、被選挙権を停止することが、「相当」であるか否かということに論拠をおいている。そして少数意見は相当でないとしているわけである（この点は尚後の四の(二)の(一)でのべる。）。そして選挙犯罪処刑者が「社会的身分」にあたるか否かについては、最高裁はむしろ肯定しているように推定できる。しかし高裁においては同じ様な論拠に立ちながらも、かかる差別は「社会的身分」による差別ではないとしている。

【19】「……日本国憲法第一四条第一項がすべて国民は……差別されないと規定したのは人格の価値がす

べての人間について平等であり、従って人種、宗教、男女の別、職業社会的身分等の差異にもとづいてあるいは特権を有しあるいは特別に不利益な待遇を与えてはならないと云う大原則を示したものに他ならないが、しかしこのことは法が国民の基本的平等の原則の範囲内において、各人の年齢、自然的素質、職業、人と人との間の特別の関係等の各事情を考慮して道徳正義合目的性の要請により適当な具体的規定をすることを防げるものではない。……ところで公職選挙法第三五二条第一項は同項所定の選挙に関する特定の犯罪のため罰金以上の刑に処せられたものに対して一定の期間、公職選挙法が規定する選挙権及び被選挙権を停止することを規定したものであり、結局これらのもの、反社会的性格に対する考慮から正義及び合目的性の要請にもとづき選挙の公正を保持しようとしたものであってその社会的身分によって差別待遇をするものとは云えないから公職選挙法第二五二条第一項の規定をもって日本国憲法第一四条第一項の条項に違反するとすることはあたらない。更に公職選挙法第二五二条第一項の規定は日本国憲法第四四条但書が規定している人種、信条、性別、社会的身分、門地、教育、財産又は収入によって差別待遇をするものとは云えないから憲法の右条項に違反するものとすることも当らない……」（東京高判昭二八・八・五刑集六・一〇六五）。

㈥　常習賭博者に対する処罰についてその差別　刑法一八五条は、賭博者を処罰する規定であるが、同一八六条は常習として賭博した者を重く処罰することを定める。これは賭博の常習者という「社会的身分」に対し不平等な過重な懲役刑を定めたもので違憲であるという上告に対し、最高裁は賭博常習者というのは犯罪者の属性による「刑法上の身分」であるが、憲法一四条のいわゆる「社会的身分」と解しえないむねを判示している。

【20】「刑法第一八六条の常習賭博罪が同一八五条の単純賭博罪に比し、賭博常習者と云う身分によって刑を過重している……そして右過重の理由は賭博を反覆する習癖にあるのであって即ち常習賭博は単純賭博

に比しその反社会性が顕著で、犯情が重いとされるからである。そして常習賭博者というのは、賭博を反覆する習癖即ち犯罪者の属性による刑法上の身分であるが、憲法一四条にいわゆる社会的身分と解することはできない……」(最判昭二六・八・一刑集五・一七〇九)。

(七) 執行猶予者の犯罪に対する量刑上の考慮　前科があり、執行猶予期間中に再び犯罪を犯した者に対し、量刑上情状として考慮し重く処罰することは、前科があり、執行猶予期間中であるという「社会的身分」に基いて差別するものだとする上告に対し、最高裁は執行猶予者が「社会的身分」であるか否かを論ぜず、かかる考慮による量刑は何ら違法でない旨を判示した。

【21】「量刑にあたり、犯罪が前刑の執行猶予期間内に犯されたものであることを、犯罪の情状として考慮することは何ら違法ではない。又犯情による科刑の差異が憲法一四条違反でないことは当裁判所の判例とするところである。……」(最判昭三三・四・二五刑集一二・一四八五)。

(八) 「組」の最高幹部に対する量刑上の考慮　被告人が土木請負業の何某組の最高幹部であったということを量刑上考慮することは、かかる「組」を「社会的身分」又は「門地」とみて差別したことになるか否かゞ問題となった。しかし最高裁においては、かかる「組」が「社会的身分」又は「門地」とみるべきか否かについては判示せず、その事件において原判決は「組の最高幹部」なる故に差別したものではないと判示している。しかしこの判例から逆に推論すれば、最高裁は「組」の最高幹部たることを前提して量刑することは「社会的身分」によって差別したことになるという見解のようにみえる。

【22】「……原判決における所論『被告人は土木請負業関根組の最高幹部であったが』の判示は単に被告人の経歴を示したに過ぎないもので、所論の様にこれを判決の前提又は背景としたものでないこと明白であるから、かような判示をしたからといって、直ちに原判決が被告人に対してその身分門地によって差別的取扱をしたとは云えない。」（最判昭二四・六・一六刑集三・一〇七七）。

㈨　制度改正に伴う訴訟関係者に対する差別　日本国憲法の制定及びそれに伴う諸法律の改正によって、訴訟関係において新法の適用者と旧法の適用者に差別が生じた。それに関連して一連の問題が生じたが、かかることは、訴訟者たる地位という「社会的身分」に基く差別であるという上告に対し、最高裁は、かかる訴訟上の地位ないし、法律関係は「社会的身分」でない旨を判示している。その一つとして昭和二八年八月七日公布法律一七二号刑事訴訟法の一部を改正する法律の附則六項に関するものがある。即ち同改正法により控訴裁判所は必要とみとめるときは、職権で第一審判決後の量刑に影響すべき情状について取調をすることができることになったが、同法附則六項は、新法施行の際すでに控訴趣意書の差出期間を経過した事件の控訴裁判所における事実の取調については、新法施行後もなお旧法第三九三条一項但書を適用する旨を定めた。従って新法施行の際現に控訴裁判所に係属している事件の中、すでに控訴趣意書差出期間を経過した段階にあるものについては、新法施行後も、第一審判決後の量刑に影響すべき情状については依然として一般的には取調べられ得ないこととなり、その結果かような、右差出期間を経過した控訴事件の被告人一般はまだ差出期間を経過しない控訴事件の被告人一般及び新法施行後新に控訴審に係属する事件の被告人一般よりも不利益を受けることになる。最高裁はしかしこれを合憲とした。

【23】 「……新法施行の際すでに控訴趣意書差出期間を経過した控訴事件の被告人の地位というものは畢竟或る事件についての起訴及び控訴によって生じた訴訟法上の地位ないし法律関係に過ぎないので、かような地位にある者に対して新法による前記のような職権取調を受ける利益に浴せしめないことは憲法十四条にいわゆる社会的身分又はこれと同一視すべきものによる差別的取扱いをしたことにはならない。」(最判昭三〇・一二・二〇刑集九・二八九九)。

同じような制度の改正に伴う事件として、懲役刑を科する罪については、地方裁判所に裁判権があるものであるとせられたのに、裁判所法三三条一項二号、二項但書により、窃盗罪についてのみその法定刑は懲役刑であるに拘らず簡易裁判所の裁判権に属せしめるのは窃盗罪の被告人であるという身分により即ち「社会的身分」により裁判を受ける権利に差別するものであるとする上告に対し、最高裁はかかる法令は被告人の人種、信条、性別、社会的身分又は門地により差別したものでない旨を判示した。

【24】 「……裁判所の一部を改正する法律は迅速な裁判をなすべき憲法の要請、裁判所の機能、事件の種類、性質件数等に鑑み従来地方裁判所の裁判権に属せしめていた事件の中刑法二三五条の窃盗罪若しくはその未遂罪にかかる訴訟を簡易裁判所の裁判権に属せしめこれらの事件又はこれらの犯罪と他の罪とにつき刑法第五四条第一項の規定によりこれらの罪の刑をもって処断すべき事件において簡易裁判所は三年以下の懲役を科することが出来ると定めたものであることは所論裁判所法の一部を改正する法律案の提案理由に照らして明らかなところであって、被告人の人種、信条、性別、社会的身分又は門地によって差別をしたもので

ない……」（最判昭二五・三・二七刑集四・七一六）。

この判例においては、訴訟関係者が社会的身分でないことと共に、その他の後段列挙のいずれのことがらによる差別ではないから合憲としているが、かかる論拠によって、同様な制度改正に関して生じた事件を合憲とするものが尚若干あり、それは後述する（三の五の(一)の(3)）。

(一〇)　「社会的身分」又は「門地」に関する学説　「社会的身分」の学問的説明において、これを広く「或る永続性を有する地位」（註解・上三五〇）と説明するものと、それよりは狭く、「出生によって決定される社会的な地位または身分」（宮沢・コムメンタール一二二）とするものとがある。前者の立場では、社会的身分を「自らの意思を以て離れることのできない固定せる地位と解するのは狭きに失する。」として、「本条が広くすべての人が平等であるとの大原則を宣明しているものと解し、この漠然たる社会的身分たる表現の中に、人が社会において一時的ではなしに占めている地位をすべて含ましめるのを適当とする。故に帰化人、被産者、前科を有する者等の如く意思を以ては如何ともできない固着せる地位がこれに該当するのはもちろんのこと、使用者たる地位、労働者たる地位、職業、或る地域の住民たるの地位等もこれに含まれると解する。かく解することにより国民の平等性のたてまえが広汎に実現されることになろう。」（註解・上三五〇）とする。

これに対し後者の立場では、「ひろく人が社会で占めている地位を『社会的身分』と解する説もある。これによれば、帰化人、破産者、刑罰を科された者、公務員、その他職域などがすべて『社会的身分』に属することになるが、そういう『社会的身分』による差別を平等で一般的に禁ずべき理由はない。たとえば、公務員に対してのみ特殊な懲戒ないし服務の規律を定めることは、あえて法の下の平等に反すると見るべきではない。」(宮沢・コムメンタール二一二)とする。そして「いわゆる部落出身者とか、帰化人の子孫とかいうのがこれである。」とする。

前者の場合、門地については、「門地とは家柄を意味する。華族、士族がそれである。」と説明する。しかし後者の場合、「社会的身分」は「生来の身分」と解し、「門地」も「出生によって決定される社会的な地位または条件をいう」と定義する。それ故「かように解された『門地』は、『社会的身分』と一致する。ある身分をもった人の子孫に生れたという条件は、『門地』でもあるし、また、『社会的身分』でもある。」とする(宮沢・コムメンタール二一三)。従って、「ただ『社会的身分』と『門地』とでは言葉としてのニュアンスに多少のちがいがある。『門地』には、封建的な身分のにおいが伴うが、『社会的身分』にはそれがない。」(同二一三)としている。

同じく社会的身分を広く解するものに次の如きものがある。

社会的身分を「一般にいわゆる社会生活において生ずる身分であると考えると、富者、貧者、資本家、労働者、農民、学生等も社会的身分であると解される。これに反して『社会的』を制度的又は人為的なものと考えれば、右にあげたものは該当しないことになる。制度的、人為的な身分として最も典型的なものは従来の華族、士族、平民があげられるであろうが、これらは家族的起源に基く家柄であり、そうとすれば別に挙げている『門地』に属する。従って社会的身分とはこのように制度的、人為的な身分ではなしに、やはり前に掲げたような広いいみにおけるものであって、しかし一時的なものではなく、永続的であり、且つ人がそこから容易には脱することができないような拘束的状態をいうより他ないであろう。」(佐藤・講義案一三八)。

これらの学者の立場から前示尊属殺事件【7】についての批判に次の如きものがある。

『社会的身分』の意味を、……生来の身分または地位と解すれば、尊属・卑属の地位は、『社会的身分』に含まれ、したがって、尊属殺を通常の殺人（傷害致死の場合も同じ）より重く罰する刑法の規定は、『社会的身分』による差別を定めたものとして、本条に違反すると見るのが正当であろう。」（宮沢・コムメンタール 二一三）。

「たしかに親族たる地位、子たる地位は、いかなる人にも存し、特殊の人に対する社会的差別とはいえないけれども、穂積裁判官の説くように『身分なるものは必ずしも特殊的確定的なるを要せず、時に随って変転するものでさしつかえない。ともかくも特定の時において尊属たる身分に在りそしてそのゆえに卑属たる身分に在るのとは違った待遇を受けることが法律できまっていれば法の下に平等とは言い得ない』と考えられ、本条の予定する近代的な平等の原則の理想からみても、親たる身分、子たる身分も、社会的身分という漠然たる表現のうちに含まれると解すべきではなかろうか。またたとえこれに含まれていないとしても、本項前段の大原則が、この関係にも適用されることになろう。従って尊属殺をとくに重く罰する規定は、差別的取扱をするものであるというべきであろう。問題は、親殺しの如きをとくに重く罰することが、差別ではあっても合理的であるかどうかにあると考えられる」（註解・上三五七）。

前者は「社会的身分」を生来の身分または地位と狭く解するが、しかしそれ故に尊属・卑属の地位を「社会的身分」に包含するとする。これに対し後者はむしろ尊属殺の処罰を重くすることが「合理的」であるか否かの判断により、親たる地位、子たる地位を「社会的身分」に入れるべきか否かを判断しようとしている。さらに同事件の批判に次の如きものがある。

「親子兄弟等は、社会的に生ずる身分ではなく、親族的、即ち、血のつながりから生ずる自然の関係であるから、社会的身分ではない。憲法でも別に第二四条で、親族的関係における平等について規定している。従って、……尊属殺の加罰規定は、この判決のいうように、尊属卑属は『社会的身分』ではないから直ちに、憲法一四条二項には反しない。」(佐藤・講義案一三八)。

「憲法第十四条の前段には抽象的に『法の下における平等』を明言しているが、その差別を生ずる具体的方法として憲法は、人種、信条、性別、社会的身分又は門地ということを挙げているのであるから、それらのいずれかに該当しなければならない。しかるに『直系尊属』ということは人種でもなければ、信条でもなく、況んや性別でもない。そこにただ考えさせられるのは『社会的身分』ということの中に、包摂せられるかである。が社会的身分とは、例えば、華族とか、士族とか、平民というような、社会的習俗にあらずんば制度よりきたるものを意味するに止まり、直系尊属というが如き親族関係に基く身分関係を指すものでないことはほぼ察知し得られるので、われわれは尊属殺の規定は少くとも憲法第十四条後段に指示している項目のいずれにも該当しないと確信する。」(安平検事・法律時報(昭和二五年)七五六号九頁)。

五　「人種、信条、性別、社会的身分又は門地」以外のことがらを基準とする差別

憲法一四条一項後段は「人種、信条、性別、社会的身分又は門地により、政治的、経済的又は社会的関係において、差別されない。」と定めるが、ここに差別の基準或は根拠としてあげられた「人種、信条、性別社会的身分又は門地」は例示的なものであって、これ以外の基準によっても差別することは許されないのか、或はここにあげられた基準は限定的なものであって、これ以外のことがらを基準とする差別は一四条の関することではないのかが問題となる。これらのことがらを例示と解する立場(仮に例示説という)は、一般に合理的でない差別は許されず、後段にかゝげられた以外のことがらによる差別でも合理的でない差別は許されないと解する。これに対して、後段に列挙されたことがらは

限定的なものと解する立場（仮に限定説という）は、合理的とか非合理的とかいった実定憲法以外の基準たよることはしないで、要するに後段に列挙されたことがらを基準とする差別は絶対許されないが、ここにあげられていないことがらを基準とする差別は憲法の禁ずるところではないと解する。

判例はこの様な問題に対して、ある場合には、あることがらが一四条一項後段に列挙することがら以外のものによる差別であるから、憲法違反でないとしている。この場合には限定説に立っていることが推定できる。しかし他の場合には、一四条一項後段に列挙された以外のことがらについて、そのことがらを根拠とする差別は、合理的なものであるから、合憲であるとしている。この場合には合理的でなければ、後段に列挙することがら以外による差別も憲法上許されない、とする立場に立っていることが推定できる。しかしこの場合の判例もすべて合憲とするものであるから、推定の域を出ないし、又ある場合には判例は、あることがらによる差別を、後段に列挙することがら以外のことがらによる差別であり、そのような差別は又合理的な差別であるから、合憲であるというように両者をあわせて理由づけている如くみえる場合も存する。従ってこの点についての判例はあまり明確でないといえる。

㈠　限定説を推定せしめる判例

(1)　累犯に対する加重の差別　　犯罪に対する刑事責任を問うこともすべて平等でなければならないのに、累犯加重を定める刑法五六条、五七条は平等の原則に違反するとする上告に対し、最高裁は、犯人の処罰は一四条にあげられた理由に基く差別的処遇ではないという根拠で、これを合憲とした。

【25】「なる程憲法第一四条第一項は、すべて国民は法の下に平等であって、人種、信条、性別、社会的身分又は門地により、政治的、又は社会的関係において、差別されないことを規定している。しかし犯人の処罰は、かような理由に基く差別的処遇ではなく、刑罰制度の目的に応じて各犯罪各犯人毎に妥当な処置を講ずべきものであるから、各個の場合にその処遇の異ることあるのは当然であって、犯人の性格、年齢及び境遇並に犯罪の情状及び犯罪後の状況等を考慮した結果、犯情のある面において他の犯人に類似した犯人をこれより重く罰しても憲法の平等の原則に違反するものでないこと既に当裁判所の判例……の趣旨とするところである。さすれば累犯者の刑を加重する規定も亦憲法の平等の原則に違反するものでない……」(最判昭二五・一・二四 刑集四・五四)。

(2) 刑罰法適用における量刑上の差別　下級審の量刑について普通は刑の執行猶予になる程度の場合にかかわらず、刑法二五条により執行猶予にならないのは、法の下に平等たる憲法の趣旨に反するという上告がなされたが、これに対し、最高裁は原審が刑の執行猶予の言渡をしないのは、憲法一四条所定の事由によって、被告人を差別待遇したものではないという理由で合憲とした。

【26】「原審が被告人に対し刑の執行猶予の恩典を与えないのは『すべて国民は法の下に平等である』との憲法第一四条の趣旨に反するものであるとするが、同条は人種、信条、性別、社会的身分又は門地により政治的、経済的又は社会的関係において、すべての国民を差別的に取扱わない旨を規定しているのであって、原審が被告人に対し刑の執行猶予の言渡をしないのは同条所定の事由によりて被告人を差別待遇したのではなく事実審として所論の弁償の事実をも参酌した上犯罪の情状からみて刑の執行猶予の言渡をすることが出来ないと判断したのであるから何等同条に反するものではない。」(最判昭二三・五・二六 刑集二・五一九)。

この判決においては限定説に立っている如くであるが、しかし同様な刑罰法適用における量刑上の差別を問題にした別の事件において、判例は例示説の立場にたち、そのような差別は合理的なものであるから合憲であるとしているものもある。その点は後述する（三の五の(4)(二)）。

(3)　新憲法制定に基く審級制度改正による差別　日本国憲法の制定及びそれに基く裁判所法が改正実施せられるに及んで、旧法の適用者と新法の適用者との間に差別が生じることになった。これを「社会的身分」による差別だとする訴については前述（三の四の(一〇)）したが、同様な制度改正による問題について、一般的にかかることは「法の下の平等」に反するという幾つかの訴があり、これに対し判例は、これらの差別は、いずれも一四条一項後段にかゝげられたことがらによる差別ではないとして合憲としている。

その一つとして裁判所法施行法二条及び裁判所法施行令一条により、改正によって廃止となった大審院が従来受理してきた一群の訴訟事件を、東京高等裁判所において受理したものとみなして処理することになったが、これに対して、旧来の大審院は最高裁判所に対応するものであるに拘らず、新憲法施行の際の過渡期における事件であるの一時により此の事件のみを高等裁判所の裁判権に属せしめるもので、かかる法令は国民は等しく審級にしたがい同等の裁判所の裁判を受けることを得しめないで、法の下に差別するものであるとの上告がなされた。これに対し最高裁は、限定説的立場からこれを合憲とした。

【27】「……明治憲法及び裁判所構成法は廃止せられ代って日本国憲法及び裁判所法は実施せられ、その施行の際廃止となった大審院において充来受理して来た一部の訴訟事件を……当然最高裁判所の開設とともに

に当裁判所において審理さるべきものと論定しさることは出来ない。かかる一群の特殊な事件については東京高等裁判所において受理したものとみなし、同裁判所は大審院と同一の裁判権を有する旨を規定したからといって、裁判所法施行令第一条及びその根拠とせられた裁判所法施行法第二条は所論の様に憲法第十三条第十四条に違反するということはありえない。大審院は廃止せられかかる一群の訴訟事件は最はや大審院において、審理を受けることは出来なくなったから、本東京高等裁判所において、旧大審院と同様に、特に五人の裁判官の構成からなる合議体をもつて審判することを規定し、実際の運用において主として従来の大審院判事が引き続きその衝に当ることが出来るように構想せられたものであって立法の上で国民の基本的人権は十分に尊重せられている。又かかる特殊性を有する一群の事件は一団として立法上平等にとりあつかわれており、国民は人種、信条、性別、社会的身分又は門地によって毫も差別待遇をうけていない。従って前記所論の如く憲法第十三条第十四条に違反するということはできない……」(最判昭二三・七・八刑集二・八〇一)。

さらに同様なものとして、新しく裁判所法施行の際、以前の裁判所構成法による地方裁判所に係属中の第二審事件に対する上告は、本来大審院に管轄権があったにも拘らず、高等裁判所の管轄すべきものとする裁判所法施行令三条一項・二項二号の合憲を判示するもの(最判昭二三・七・一九刑集二・九五二昭和二三年(れ)第一六七号)がある。そしてこの様な「特殊性を有する一群の従前事件は立法上平等に取扱われており、「国民は人種、信条……門地によって毫も差別待遇を受けていない」ことをその理由としている。

又、刑訴応急措置法一三条二項について、その適用が犯罪時に関係なく、裁判時のみに着眼して適用されること、即ち昭和二二年五月三日より昭和二三年一二月三一日までになされる上告の申立に右規定が適用され、犯罪がいつ敢行されたかを問題としないから、同法の施行前である昭和二二年五月二日以前になした上告には量刑不当を上告理由とすることができたにも拘らず、又同法失効後たる昭和二四年一月一日以後になす上告に際しては量刑不当が原判破棄の理由となるのに、右の僅かの期間にたまたま上告をなすもののみが量刑不当を理由になしえないという上告に対し、同様な見地から合憲と判示されている。

【28】「……訴訟法は訴訟手続に関する法規であって、犯罪行為に関する法規であって、犯罪行為に適用すべき実体法規ではないから、訴訟法上の行為たる上告の理由についても上告手続をなすべきときに着眼して規定を設けるのが当然であって、所論のように犯罪行為時の如何により区別を設けねばならぬ理由は全然ない。しかも前示応急措置法の規定は上告に際し人種、信条、性別、社会的身分又は門地の如何を問わず何人に対しても等しく適用されるものであるから所論憲法一四条に違反するところは毫も存しない……」（最判昭二四・三・二三刑集三・三六九）。

同趣旨のものとして、刑訴応急措置法附則四項が上告理由について旧刑訴法によるか右措置法によるかを弁論終結時を標準として区別していることに対し、又刑訴法の改正にあたり刑訴施行法二条が起訴を右法律の施行の前後によって旧法及び新法の適用を異にすることを定めているに対し、それぞれ（「前者」最判昭二四・四・一六刑集三・五五七 昭二四（れ）第一一三九号、「後者」最判昭二五・七・一九刑集四・一四二九 昭二四（れ）第二三二号）同様の理由で合憲とする。その他、昭和二六年（れ）第七〇七号事件（最判昭二六・一一・一六刑集五・二四〇五）及び昭和二六年（れ）第一九五六号事件（最判昭二七・二・二九刑集六・三三）においても略同趣旨の判示が存する。

同様なものとして、同種の犯行について、その行為の時期により刑罰規定を異にすることは憲法一四条に反しないことを示すものがある。

【29】「……刑法六条は犯罪後の法律により刑の変更がなされた場合に適用のある規定であって、本件の如く右地方税法一五一条三項の如き規定を設け特に従前の行為に関する罰則の適用については、なお従前によるものとした場合には従前の行為に関する限り刑罰規定について何らの変更をみないのであるから刑法六条はその適用の余地がないものといわなければならない。また同種の犯行についてその行為の時期によって刑罰規定に差異を設けてもそれは立法政策の問題であって憲法一四条のいわゆる法の下の平等の規定に反するものでないことというまでもない。」(最判昭三二・一一・二七、刑集一一・三一一三)。

㈡ 例示説を前提して合理的な差別は許しうるとする判例

(1) 国税犯則取締の際の通告の有無による差別——資力の有無による差別　国税反則取締法一四条は国税局長又は税務署長は間接国税犯則の心証を得たるときは罰金等を指定の場所に納付すべき旨を通告することを定め、犯則者通告の旨を履行するの資力なしと認むるときは通告を要せず直ちに告発することが規定されているが、これは資力の有無によって差別するものであるとする上告に対し、最高裁はかかることは間接国税の納税義務を履行させ、その徴収を確保するという財務行政上の目的を達成する上から見て、適当であるという理由に基いているものだとしてこれを合憲とした。即ち裁判所は資力の有無により差別することは、一四条一項後段に列挙されたことがらによる差別ではないが、しかしかゝる差別も憲法上許されないという立場を前提として、しかしこの場合適当な差別の故に合憲としているのである。

【30】「……かような手続が認められた所以のものは、間接国税の犯則の如き財政犯の犯則者に対しては、

先ず、財産的負担を通告し、これを任意に履行したならば敢て刑罰をもってこれに臨まないこととするのが、間接国税の納税義務を履行させその徴収を確保するという財務行政上の目的を達成する上から見て、適当であるという理由に基いているのである。しかし通告処分は、これを行うことが財務行政上、刑事政策上その他の理由によって適当でないと認められる場合にはこれによらないこともあるのであって取締法一三条一四条は、まさにその場合に関する規定に外ならない。そして本件においては、告発の事由が『通告の履行見込なきに依る』もので、取締法一四条二項前段の『通告ノ旨ヲ履行スル資力ナシト認ムルトキ』に準拠してなされたものであることは所論のとおりであるが、既に述べたとおり、通告処分は犯則者に対し財政上の負担を通告し、これが履行を期待するものであるから、犯則者がその通告の内容たる財産上の負担を履行しうる能力をもっていることが前提であって……これを欠いていると認められる場合にも、なお、これに対し通告処分を行うことは、無意味であり、右取締法一四条二項前段の規定は、その様な無意味なことは、これを行わないとする趣旨の下に定められた規定と解すべく所論のように財産の有無又は貧富の程度によって、国民を差別して取扱う趣旨の規定と解すべきではない。それ故、取締法一四条は憲法一四条に違反するものであるということはできない。……」（最判昭二八・一一・二五刑集七・二二八八）。

尚、この判決の「適当な」差別という点については後述（四の二の(二)）する。

(2)　農地改革における地主と小作人による差別　　自作農創設特別措置法及びこれの附属法は地主と小作人とを差別扱いするもので憲法一四条に反すると主張するに対し、東京高裁は、憲法一四条はあらゆる場合、あらゆる点で国民全部が絶体に平等であることを要求するものではなく、合理的な差別は認められるとして、自作法が超憲法的権力をもつ等を理由に合憲とした。そして判例はここでも一項後段に列挙されたことがら以外による差別でも不合理なものは違憲であるという立場にたっていることを推定せしめている。

【31】「……控訴人は自作農創設特別措置法及びこれが附属法令は憲法第一四条、第二九条に反する無効の法令であって、従ってこれに準拠してなされた本件買収手続は当然無効であると主張する。成程観方によれば右法令は強制的にその所有農地を買収せられる地主に不利にして買収農地の売渡を受ける小作人に有利な規定の多数を含み法の下に平等なるべき地主と小作人とを差別扱いするものであって憲法一四条に反するものである……かと思われるようである。しかし乍ら憲法第一四条はあらゆる場合あらゆる点で国民全部が絶対に平等であることを要求するものでなく、平等の要請そのものの中におのずから合理的な制限を当然含んでいるのであって、その制限はどの程度で認められるかはその差別が合理的なものであるか否かによるほかないと解するを相当とするところ、農地改革が、実質的には憲法の行われる地盤を形成する前憲法的な工作であり形式的にもそれに対応して連合国管理政策の一環として超憲法的な権力にもとずいて行われていることに思いを致すとき、自作農たるべき小作人の保護にあつすぎ、この点において地主と多少取扱を異にしているからといって、直ちに右農地改革のため制定せられた前記法令が憲法第一四条に反する無効のものであるということが出来ず……」（東京高判昭二九・一・二九　民集七・一四二）。

尚、この判決の「合理的な差別」という点については後述（四の二の(二)）する。

(3)　懲役刑と罰金刑の差別――財産のある者とない者による差別　臨時物資需給調整法四条は同法一条一項の規定による命令に違反した者は、十年以下の懲役又は十万円以下の罰金に処することを定め、刑法一八条は、「罰金ヲ完納スルコト能ハサル者ハ一日以上二年以下期間之ヲ労役場ニ留置ス」と定めているが、これについて、財産のない者は労役場への拘束という実質上の懲役刑を科せられるが、財産のある者はこのような実質上の懲役刑を科せられないですみ、その罰金も財産のある者は何の苦痛もなく支払えるわけで刑罰が通常もつところの苦痛を少しも与えていないのであり、財産のある者とない者にこのような差別をすることは憲法一四条違反である……という上告に対し、最高裁は各人における経済的、社会的その他の事実的差異のために、一般法規の制定又は適用において生ずる不均等は免れ難く、その不均等が合理的な根拠のある場合は平等の原則に違反しないと判示した。

【32】「臨時物資需給調整法四条の規定は同法一条一項の規定による命令に違反した者はこれを一〇年以下の懲役又は一〇万円以下の罰金に処する旨を規定しているものであり、刑法一八条は財産刑に関する換刑処分の規定であるが右罰則規定は前示違反行為をしたものは何人でも処定の刑に処せられることを、規定するものであり、刑法一八条は罰金過料を完納することが出来ないものは何人でも労役場に留置することを定めたものでいづれも人種、信条、性別、社会的身分又は門地等の差異を理由とした差別待遇をしているものではないから憲法一四条の平等の原則に反するものということは出来ない。論旨は罰金は財産のある者は何の苦痛もなく支払えるが財産のない者は罰金が支払えない結果労役場に留置せられる。財産のあるものとない者との間にかくの如き差別待遇をすることは法律が国民に対し不平等な取扱いをすることである。それ故無産者に対しても有産者に対すると同額の罰金刑を科することを許し罰金が払えなければ労役場に留置することを許す前記規定は憲法一四条に違反するものであると主張する。しかし憲法一四条の規定する平等の原則は前段説明の如く法的平等の原則を示しているのであるが各人には経済的、社会的その他事実的な差異が現存するのであるから一般法規の制定又はその適用においてその事実的差異から生ずる不均等があることは免れ難いところである。そしてこの不均等が一般社会観念上合理的根拠のある場合には平等の原則に違反するものとはいえないのである。ところで罰金刑は受刑者の貧富の程度如何によってその効果に差異があり、受刑者の受ける苦痛の程度にも差異があることは所論のとおりであるが罰金刑は刑法上みとめられている刑

罰の一種であり又は換刑処分を定めた刑法一八条の規定は罰金の特別な執行方法を定めたもので罰金刑の効果を全うするための規定である。若し所論の様に罰金刑を定めた刑罰法規や換刑処分を定めた規定が違憲であるという議論を推し進めるならば、それは罰金刑という刑罰自体を否定することになるのである。しかし罰金刑は受刑者の貧富如何によってその効果に差異があるという弱点はあるけれどもなお一般的にみて受刑者に対して一定の刑罰効果を挙げうるものであるからこれを否定することは出来ない。元来刑罰は財産刑に限らず自由刑でも受刑者の受ける苦痛の程度は具体的には各人によって異るのである。ただ罰金刑ではその差異が貧富の程度如何によって顕著であるにすぎないのである。それ故一定の違反行為に対し罰金刑を定めた法規及び換刑処分を定めた法規は各人を法律上平等にとりあつかっているのであって刑罰によって受刑者の受ける苦痛の差異はその法規から必然的に生ずる避け難い差異という外ない。そして裁判所は刑の量定をする場合には犯情その他諸般の事情を参酌するのであるが罰金刑については犯人の資産状態も亦特に考慮せられてその刑罰効果を挙げることに十分な注意が払われているのである。又刑法二五条の改正によって五万円以下の罰金の云い渡しを受けた者については情状により刑の執行猶予を与える道も開かれたのであり労役場の留置については刑法三〇条二項の規定によって情状により仮出獄を許すこともできるのであってこれらの方法によって前示貧富の程度によって生ずる不均等もある程度は緩和されうるのである。以上の次第で罰金刑が受刑者の貧富の程度如何によってその受刑者に与える苦痛に差異があることは貧富という各人の事実的差異から生ずる必然的な差異であり刑罰法規の制定による社会秩序維持という大局からみて已むを得ない差異であって一般社会観念上合理的根拠あるものとして是認さるべきものと認められる……」（最判昭二五・六・七刑集四・九五六）。

この判決は必ずしも例示説を前提としているとはいえないが、「人種、信条……等」としていることから一応ここに入れることができよう。この判例はしかし後述するように（四の二の(1)）一四条は形式的平等を定めるものであることを示している点で重大ないみをもつといえる。

右の判例と関連して、罰金を完納することができない場合の労役場留置の換算率が現在の社会情勢や経済事情に照らして妥当でなく、一般人と異る取扱をなすものとする上告に対して、次の様に判示している。

【33】「罰金刑の云渡を受けた者が罰金を完納することが出来ない場合の労役場における留置は刑の執行に準ずべきものであるから、（旧刑法五六条、刑訴五〇五条）留置一日に相応する金銭的換算率は、必らずしも自由な社会における勤労の報酬額と同率に決定されるべきものではない。本件はいわゆる旧法事件であるから、これに適用されるのは旧刑事訴訟法であるが、同法は、本件に通算すべき未決勾留一日を金額の一円に見積っているにすぎないのであり（旧刑訴五五六条）、原審が本件につき判決した直前に制定された新刑事訴訟法においてさえ本刑に通算すべき未決勾留一日を金額の二〇円に見積るにとどめているのである（新刑訴四九五条）。されば原審が被告人両名において罰金を完納することが出来ないときは金二〇円を一日に換算した期間被告人等を労役場に留置すると云渡したことは基本的人権と法の下における国民の平等を保障した憲法の所論条規に反するものではない……」（最判昭二四・一〇・五刑集三・一六四七）。

(4)　刑罰法適用における量刑上の差別　下級審の裁判所において刑罰適用における量刑が法の下の平等に反するという上告に対し、最高裁が限定説的な立場から、かかる差別は合憲であるとしているものについては前述【26】したが、同様な別の若干の事件においては、最高裁は各犯罪各犯人毎に妥当な処置を講ずることは理の当然であるという理由から合憲であるとしている。

その一つとして、同様な行為をした共同被告人の間において、量刑上異った処罰をなしているのは、平等原則に違反するものとする上告に対して、かかる判決は合憲とする判決がある。

【34】「憲法第一四条は、すべて国民が人種、信条、性別、社会的身分又は門地等の差異を理由として、政治的、経済的又は社会的関係において法律上の処遇を受けないことを明かにして法の下に平等であることを規定したものである。しかるに犯人の処罰は、かかる理由にもとずく差別的処遇ではなく、特別予防及び一般予防の要請に基いて各犯罪各犯人毎に妥当な処置を講ずるのであるからその処遇の異ることあるべきは当然である。事実審たる裁判所は犯人の性格年齢及び境遇並びに犯罪の情状及び犯罪後の情況等を審査してその犯人に適切妥当な刑罰を量定するのであるから、犯情のある面において他の犯人に類似した犯人であってもこれより重く処罰せられることあるのは理の当然であり、これを目して憲法第一四条の規定する法の平等の原則に違反するということはできない……」(最判昭二三・一〇・六刑集二・一二七五)。

同じ様な趣旨として、多数の同種の違反者が検挙されず、或は起訴されなかった場合に、被告人らのみが起訴処罰されたところで憲法一四条に違反しないとしている。

【35】「犯情の類似した被告人間の処罰の差異が憲法一四条に違反しないことは当裁判所の判例とするところであって、この趣旨は他の多数の違反者が検挙されず或は起訴されなかった場合に被告人等のみが起訴処罰された場合に被告人等のみが起訴処罰された場合にも推し及ぼされるべきものである。従って論旨の様にたとえ他の違反業者が検挙処罰されなかった様な事情があったとしても、いやしくも起訴公判に付されてこれらが審理の結果他人等を有罪とした原判決を目して憲法第一四条に違反するものと論ずることはできない。……」(最判昭二六・九・一四刑集昭五・一九三三)。

同趣旨として公職選挙法二五二条により、共犯者は選挙権及び被選挙権を停止されていないに拘らず、ある被告人がこれを停止されたことに対してこれが差別待遇であることを主張する上告に対しその合憲なることを判示したが、その判決理由は、公民権停止についても【34】があてはまるとしている。（最判昭三〇・五・一〇 刑集九・一〇〇六）。

(5)　年齢による差別——停年制について　地裁の判決であるが、公証人が七〇歳に達したことを免職事由とすることを定める公証人法一五条は、他の公務員等に対し、平等権違反だとする原告に対し、憲法の保障する平等原則が絶対的平等をいみするものでなく、平等要請には当然合理的な制限、差別が含まれるとし、かかることは合憲としている。そして年齢による差別は明らかに一四条一項後段に列挙することがらによる差別ではないが、その点は判決の理由とはせずに、むしろ年齢による差別でも不合理な差別は違憲であるとする趣旨を推測せしめる理由をのべている。

【36】　被告答弁「公証人は……きわめて重要な職務を行うものであって、普通の公務員と異り、刻々変化する複雑な経済的社会国家に対する鋭い洞察力と、公証人法のほか、民法商法その他おびただしい実体法規、手続法規に関する高度の法律知識を必要とし、かつその能力をつねに高い水準に保持していることが要求せられるのである。従ってこのような公証人の職務の特殊性に鑑み、公証人が年齢七〇年に達した後はその意に反してもこれを免職することができるものとして公証人の素質の低下を防止しようとすることはけだし、止むを得ないところといわなければならない。……かような見地に出た差別をもって平等の原則に反するとするのは当らない」とするのを引用し、判決は「原告は右の処分（公証人免責処分＝筆者注）が違法であると主張するけれども、その主張の根拠がすべて理由のないものであることは、被告の答弁理由のとおりである」とした。（東京地判昭二七・七・二四 行集三・一三二八）。

「尚合理的差別」ということについては後述（四の二の(二)）する。

(三) 学説

(1) 例示説　通説は一項後段の「人種、信条、性別、社会的身分又は門地」は例示的であるとする。そして後段は「前段における一般的原則の宣明を受けて、一層具体的に平等の原則の内容を明らかにしたものである。差別すべからざる理由の列挙をきわめて網羅的であるが、それらに該当しない場合には、差別が可能であるとすることはできない。」(註解・上三四九)とし、「第四四条は、これらの外、教育、財産、収入のごとき事由をあげているが、これらの事由による差別禁止が、同条の場合たる国会議員の選挙権と被選挙権に限られると解することの適当でないことは明らかであろう。」(同・三四九)とする。或は又、右に列挙された以外の「理由による差別も、そこで差別される事項の性質によっては、法の下の平等に反すると見るべき場合がありうる。……しかし、ここに列挙された理由による差別は、原則として、不合理なものであり、したがって、それらを理由とする差別は、原則として、法の下の平等に反するという意味で、特に列挙したものと解される。」(宮沢・コムメンタール・二一三)とする。同趣旨(佐藤・憲法一三九)。しかし、かかる立場では、後述するように(四の二)何が合理的であるか否かの問題が重大なものとして残される。

(2) 限定説　これに対して一項後段にあげられたことがらは、限定的なものであって、これ以外のことがらを基準として差別することは一四条の関することではないとする有力少数説が対立する。即ち憲法一四条一項が、「人種、信条、性別、社会的身分、門地を示すのは、国家が差別を設ける場合の着眼点であり、政治的関係、経済的関係、社会的関係を示すは、国家が差別を設ける事項である。

……それ故に、憲法第十四条第一項の示す着眼点とは異なる点に着眼して、差別を設けることについては、憲法は何ら定めるところはない。従て、これをつけても、憲法の規定には抵触しない。これをつけるかどうかは、全く別の政策上の見地より判断すべきものである。例えば、国民の能力に着眼して、或公職に就くために必要な資格を定めるが如き、勤労の程度、労務の内容に着眼して、報酬の額を定めるが如き、年齢に着眼して、法律行為の能力を定めるが如きは憲法の禁ずるところではない。」(佐々木・論文選(二)一一九～一二〇)とされる。或は又「人種、信条、性別(この点についての強調規定たる第二十四条との関連に注意)社会的身分若しくは門地以外の事項(年齢・住居・教育の程度・技能・精神喪失・現に刑の執行中等々)によりて国民を差別して取り扱うことは、この十四条一項後段の関するところではない(第四十四条との対比に注意)、と解するほかはない。」(田畑・公法研究一八号一三頁)とする。

この立場では、従って一項後段に列挙された以外のことがらに着眼した差別は許されるという点では限定的である。しかしここに列挙されたことがらに着眼して、それを根拠とする差別は、合理的或は非合理的とかに関係なく、憲法上許されないことになる。

四 「政治的、経済的又は社会的関係において、差別されない」の意義

一 「政治的、経済的又は社会的関係」の意義

一四条一項後段が「人種、信条……により、政治的、経済的又は社会的関係において、差別されない」

という場合、この「政治的」、「経済的」又は「社会的」関係というのはいかなるいみかの問題がある。

(一)　判例は、既にのべたところからも明らかな様に、これらの意味を別に明確にすることなく、これらは要するに例示的なもので、とも角法的に差別することを包括的に含むものと解しているようである。従ってどの様な差別が、「政治的」関係における差別であり、又「経済的」、或は「社会的」関係における差別であるかを明確にすることは実際上必要がないわけである。

ただ前掲の尊属殺事件【7】における斉藤裁判官の少数意見は、この「政治的、経済的、又は社会的関係」を限定的に解し、「犯罪の処罰は……憲法一四条所定の政治的、経済的又は社会的関係における主体としての処遇ではない」としている。即ち、

「……刑法は国家社会の秩序を維持し、国民の権利を保全するを目的とし、かかる秩序又は権利を侵害する者をその犯情に応じ処罰するものである。従って、犯罪の処罰は犯人の社会的又は道徳責任をその責任関係における主体として追求するものであって、憲法一四条所定の政治的、経済的又は社会的関係における主体としての処遇ではない。真野裁判官は、権利関係における主体と責任関係における主体とを混同し、犯罪の主体を犯罪を行う権利の主体と誤解しその結果犯罪の処罰を憲法一四条の政治的関係における処遇に該当すると主張する。しかし、憲法一四条は、憲法第三章国民の権利及び義務の章中の個人尊重の条項の次に規定され、すべて国民は法の下に平等であると宣言しているのであるから、同条は、国民が基本的な法的関係における主体として平等な待遇を受け、故なき差別を受けないという原則的な権利乃至地位を規定したものと解すべきである。国民が国民としての基本的な法的関係において国家社会の秩序を害し、他人の基本的な権利を侵すべき権利乃至地位を有すべき理由など絶対にあるべき筈がなく、まして、その権利なき行動に対

する責任関係において平等な待遇を受ける憲法上の権利乃至地位を与えられる道理などは全然存しないのである。憲法は犯罪の処罰に関しては別にその第三一条以下において適当な保障を与えているのである。されば、刑法がその所定の各種の身分により或は犯罪の構成を認め、或は刑罰に軽重の差異を設けるのは、犯人の責任を追及すべき条件に関する立法政策の問題であって、憲法一四条適否の問題とはなり得ない。」

(二)　学説上では、多数説は大体判例の立場にたっている。即ち、「『政治的、経済的、又は社会的関係において』という言葉に、特に重要な意味をみとめるべきではない。あらゆる法律上の差別は、国民の政治生活に関するものか、経済生活に関するものかでないかぎり、すべてその社会生活に関するものと考えられるから、法律上の差別はつねに『政治的、経済的又は社会的関係』における差別である。」(宮沢・コムメンタール・二一四)としている。

　これに対して少数説は「この規定は、国家が、国民の政治的関係、経済的関係又は社会的関係たる事項を定めるにあたり、国民の人種、信条、性別、社会的身分又は門地により差別をしてはならぬ、というのである。……国家の作用には、国民の政治的関係、経済的関係又は社会的関係たる事項を定めるものがある。国家がこれらの国民の生活関係たる事項を定めるに当り、国民の人種、信条……の如何により差別してはならぬ」(佐々木・論文選(二)一一八)としている。

　尚学問的説明として、「政治的、経済的、又は社会的関係」の各〻ついて示された例には左の如きものがある。

(1)　政治的関係における差別　政治的関係において差別されないことは、例えば、「選挙権被選挙権、官公吏の任用資格、弁護士や家庭裁判所の参与員や調停委員の職に就く資格などの平等がこれにあたり、……裁判を受ける権利や裁判上の救済を受くる権利もこれに含まれる。」（註解・上三五一）としている。

(2)　経済的関係における差別　「経済的関係」における差別は「国民の経済生活における差別で、財産権や、社会権や、労働関係における差別はこれである。」（宮沢・コムメンタール二一四）とし、或は又「経済的差別の禁止は生存を営む権利、勤労の権利、財産権を正当な補償の下に収用されること、納税の義務等一切の国民の経済生活面における法の下の平等を要求する。従って或る職業につき特に免税し或いは重税を課し、男女の最低賃金について差別し、生活必需物資の配給につき両性に差等をつける如きは本条違反となる。」（註解・上三五一）としている。

(3)　社会的関係における差別　「社会的差別とは人の社会生活における均等ならざる取扱をいう。第二六条に特にあげられる教育を受ける権利はその重要なものである。或る社会的身分の故に公共の福祉を理由として一定の地域に住むことを強制し、或いは鉄道の車輛を他と区別するようなことがあれば本条の問題となりうる。均等を厳格に解して男女はすべての学校にひとしく入学の資格ありとし、居住地や車輛の分離は一切許さないと解すべきではなく、同等の学校が男女につき設備されており、居住地や車輛が同等の状態を保つものであれば、平等に違反しない」（註解・上三五一）とする。

二　「差別されない」の意義

(一)　絶対的平等と相対的平等――相対的平等における「合理的な差別」の概念　後段に所謂「差

別されない」ということは、あらゆる場合に、あらゆる点で絶対的に差別されないのか、例外はみとめられるのかどうかが問題となる。既にのべたように、ここに「人種」、「信条」、「性別」、「社会的身分」、「門地」を例示的と解する立場は、かかることがら以外の点によっても、合理的でない差別をなすことは、本条の禁ずるところであると解するが、しかしこの立場は同時に又こゝに列挙されたことがらを根拠にしても、合理的な差別は許されると解する。又「政治的、経済的又は社会的関係において」ということもそれがあらゆることがらを包括しているとしても、それらにおいて合理的な差別は許されると解する。即ち「差別されない」といっても、相対的に言っていることになる。即ち例示説の場合は、自ら相対的平等説をとる。これに対し、かかることがらを限定的と解する場合には、かかることがらを根拠としては絶対的に差別してはならないと解する。しかしかゝることがらに限定しているから、そのいみでは限定的絶対的平等説というべきものになる。

判例は既にのべた様に幾つかのある事件において限定説をとっているようにみえるものもあるが、多くの他の事件においては例示説を前提しており、且つ明瞭な相対的平等説をとっている。即ち既に引用したように、最高裁は差別の根拠について、十四条の定めることは、「法が、国民の基本的平等の原則の範囲内において、各人の年齢、自然的素質、人と人との間の特別の関係等の各事情を考慮して、道徳、正義、合目的性等の要請より適当な具体的規定をすることを妨げるものではない。」とし、又差別のことがらについても一四条が「国民を政治的、経済的又は社会的関係において原則として平等に取り扱うべきことを規定したのは、基本的権利義務に関し、国民の地位を主体の立場から観念したものであり、国民がその関係する各個の法律関係においてそれぞれの対象の差に従い異る取扱を受けることまでを禁止する趣旨を包含するものではない」（【7】）としている。或は又「国民の各人には経済的、社会的その他種々な事実的差異から生ずる不均等があることは免れ難いところであり、従ってその不均等が一般社会観念上合理的な根拠のある場合には平等原則に違反するものではない。」（【32】）としている。同趣旨【4】。高裁も前述したように「憲法一四条は、あらゆる場合、あらゆる点で国民全部が絶対に平等であることを要求するものではなく、平等の要請そのものゝ中におのずから合理的な制限を当然含んでいるのであって、その制限がどの程度まで認められるかは、その差別が合理的なものであるか否かによる」（【31】）とのべている。

しかしこの様な相対的平等説をとる場合には、「何が合理的であるかについての問題を明らかにしなければならない。この点判例は多くの事件において、ある差別が「合理的」であるとしているけれども、何が「合理的」であるかについて一般的な説明は存しないものが多い。既に述べた判例の中、いかなる場合に、それが合理的とされているかを列挙してみると次の如くである。

刑法一七七条の強姦罪は男のみを処罰するものであるが、これは男女両性の生理的肉体的等の事実上の相異に基くもので一般社会的、道徳的観念上合理的なものである（【4】）、売春を処罰するのは対象の差に従い男女異る取扱いをするにすぎない（【6】）。

刑法二〇〇条、二〇五条二項の尊属に対する罰を重く処罰する規定は「人類普通の道徳の原理」或は「自然法」の要請にもとづく法による具体的規定である（【7】）。

国家公務員法一〇二条による公務員の政治活動を禁止することは「合理的根拠」に基くものであり、「公共の福祉の要請に適合」するものである（【11】）。

金融公庫法一七条により、金融公庫役員が他の公務員に対して権利義務の内容を定める法規について多少の実質的相異があるとしても不合理とはみとめられない（【13】）。

公職選挙法二五二条による選挙犯罪の処刑者が一定期間選挙権、被選挙権を停止されることは選挙の公正のため「相当」である（【17】）。同趣旨【19】。

即ちこれらを理由として、合憲としている。ここでは「合理的」「相当」等説明は異るが、いずれも同じ様なものを示すものと解し得られる。そしてこれらは後段に列挙されていることがらのいずれかの一を取り上げてそれに該当するか、しないかの問題として争われたのであるが、該当するが「合理的な差別」であるから合憲とするもの、或は該当しないし、且つ「合理的な差別」であるから合憲とするもの、或は該当するかしないかに答えることなく、「合理的な差別」であるから合憲としているものである。これに対し、前述した様に後段に列挙されたことがら以外による差別であることは争いないが、そのことが後段に列挙されていないということを理由とせず、「合理的差別」なる故に合憲とするものに次の如きものがある。

国税犯則取締法一四条の、通告の必要を資力あるものとない者とによって差別することは、国税徴収確保という財務行政上「適当である」（【30】）。農地改革における地主と小作人による差別は（超憲法的根拠もあって）「合理的」である（【31】）。罰金の支払えない者を懲役刑にし、貧富による差別が生ずるのは「刑罰法規の制定による社会秩序維持という大局から已むをえない差異」である（【32】）。罰金刑を支払えぬ者に対する労役場留置の金銭的換算率は適当である。（【33】）。又刑法適用において量刑上いろいろの点が考慮されることは「理の当然」である（【34】【35】）。公証人の停年制は、止むを得ない（【36】）等である。即ちこれらを理由として合憲としている。

これらの全部を整理した場合次のことがいえよう。

（a） 差別はしているが、他の政治目的から止むをえないから合理的とするもの【11】【13】【17】【19】【30】【36】。

（b） 差別することが刑罰法適用上当然とするもの【34】【35】。

（c） 差別がよい道徳に基いたものであるから合理的とするもの【7】。

（d） 既存の事実において異るからこれを差別するのは合理的だとするもの【4】【6】。

（e） 右と逆に既存の事実が異るから、形式的に平等に取扱った結果実質上差別が生じてもやむをえないとするもの【32】、……この場合は一四条が規定するのは形式的平等を言うのであって、実質上の平等を要請しているものではないことを示したものといえる。しかし同時にかかる場合、法律上形式的に平等にとりあつかった結果生じる、各人の経済的、社会的等の事実的差異に基く不平等は、この際社会観念上合理的なものであるということも示している。

これに対し農地改革による地主と小作人による差別はむしろ実質的平等が目的とされたものであり、それが合理的と考えられているといえるが、しかし判例はこの点を明確にしているわけではない。

結局相対的平等説によって判断する場合は、ある差別が合理的か否かの判断が合憲か否かを決定することになり、その差別の根拠が一四条一項後段に列挙することがらに該当するか否かということは補充的説明にこそなれ、決定的なものではない。これに対し限定的絶対的平等説によって判断するとき、はじめて後段に列挙することがらの各々概念を明確にし、そのいずれかによる差別であるか否かの判断が、合憲か否かの判断において、重大且つ決定的なものとなるわけである。

㈡　学　説　既に述べたように通説は相対的平等説をとる、即ち「それはあらゆる場合に、あらゆる点で絶対に平等であることを要求するものではない。法は具体的人間の規範であり、具体的人間が事実上多くの差異をもっていることを考えあわせるならば、絶対的平等説は破綻せざるをえない。自然法に基づく平等も要請、そのもの丶なかに当然に内在する制約を含むもので、その意味で法の下の平等も相対的なものである」(註解・上三五二)とする。そして「この相対的平等の考え方は、人間の具体的差異を前提とし、かかる差異に相応した法的取扱を認めるものであって、事実と法的取扱の比率の均等を主張する。」とし、しかしこの比率の均等にも、一定の基礎となるべき標準を必要とし、アメリカの判例はその標準を合理性（reasonableness）に求め、ドイツの学者はシュタムラーの正法の観念を中心とする正義の概念をもって標準とするとして「合理的な差別は、本項違反とはいえず、不合理な差別的取扱が、違憲となる」(註解・上三五二〜三)とする。同様に、「法の下の平等の原則は、その文字通りの意味において、法律上のあらゆる差別を禁止する趣旨ではない。法律上の差別それ自体は、個人主義の理念から見ても、かならずしも悪いものとはかぎらない。本条は、個人主義の理念に照して、不合理と考えられる理由にもとづく差別を禁じようというのである。」（宮沢・コメンタール二〇八）とする。或は又「このような平等もいわゆる機械的平等のことではない。……合理的な理由に基く差別を禁止するわけではない。不合理な差別を禁止するのである。」（佐藤・憲法一三九）とする。或は又「人間が性別・能力・年齢・財産など種々の差異あることは争いがたい事実である。平等とはかかる具体的差異を前提とし、法の与える利益の面においても、法の課する不利益の面においても、同一の事情においては均等に取扱うこと——すなわち比例的平等——をいみする。したがって専断的な（arbitrary, willkürlich）差別は許されないが合理的な（reasonable）差別は憲法に違反しない」（清宮・憲法一〇二）とし、或は又「平等のもつ意味に関しては、国家生活の発達との関係からみて、各人の社会的勤務能力に相当した法の取扱が要求せられるのであって、国民の法的地位は各自の具体的な社会的勤務能力に相当して決定せらるべきであるとする所謂比例的平等の原則が採用されねばならない」（渡辺・要論一〇八）とする。

相対的平等説は、この様に差別の許される基準を結局「合理的」「個人主義的理念」「正義」「専断的でない」などの観念をもち出すことになる。しかし既にのべた様に、かゝる観念を厳格に定義し、一義的に明確たらしめることはこの立場におけるもっとも困難な点となっている。

結局この立場を主張する論者も「何が不合理な理由であるかは、さらに、そこで差別が問題とされる具体的な事項によって、きまることがある」（宮沢・コメンタール二一〇）とし、或は又「何が合理性なりや、また何が合目的なりやの判断は個々の制度ないし法律の目的にかんがみ、またその時代の社会通念に照らして、なされるべきであるが、極めて微妙であり、その合理性ないし合目的性の論証は充分且つ具体的になされるべきであり、それぞれの要請の名において合理的な差別は可能であるという考え方が濫用されることとなってはならない」（佐藤・憲法一一七）し「又平等の目的に照らして、合理性の考慮は、必要最少限度にとどまらなければならない。（同上）としている。

そして合理性の説明として次の如き例が示されている。

「男女の平等についても、人間としてまた国民としての権利について平等が要求され、従って選挙権の如きを差別することは許されないが、その肉体的相違を法はみのがすことはできず、例えば、労働時間につき女子を優遇し、過激な労働を女子に禁止する如きは合理的であろう。前科があるからといって参政権を奪うことは不合理であるが、更に犯罪を犯したときに刑を加重されることは、違憲とはいえないであろう。年少者のみに特定の法規の適用を認め、禁治産者に選挙権を否定し、国の公職にある者に職務上必要な限度の差別待遇を加えることも本条の禁ずるところではない。特殊の職業に従う者例えば医師や交通関係業者が、高度の注意義務を課され、特別の法的規制に服することも合理的である」（註解・上三五三）。

しかしこれらの立場はその「差別されない」という観念をもって、「国民が実質的平等を実現するように国家に要求しうる権利を含むものではない。ここにも本項のもつ平等が自由とならんで近代的な意味をもつことがあらわれている。従って法の下の平等は、形式的なものということもできる。」とし又「貧富の甚しい懸隔を伴う実質的な大きい不平等は、二〇世紀世界の直面している現実であり、国家が積極的にすべての国民の真の平等を実現することを期待する経済的民主主義が、そこでは当然に要請される。日本国憲法も生存権の保障その他で、この要請に答えている。しかし本項の定める平等性は、国家の不平等取扱を排斥するにとどまる。もし法の下の平等が、実質的平等にまで手をさしのべるときには、それはもはやその特殊近代的意義を超克したものであり、新しい国家体制に転帰したものといわねばならない」(註解・上三五二)として、必らずしも国民が国家に実質的平等の実現を要求しうる権利を規定したものではないと考えている。

さらにこれらの点について尚次の様な説明がある。

「一四条は、右のような区別が政治的、経済的、社会的関係において差別されないことを規定しているが、このような徹底的な平等の関係は、階級別社会としての市民社会においては実現され得ないし、形式的な平等、いわゆる悪平等は民主主義の原則と一致しない。もともと人は生れながらにして自由平等であるという自然権の保障は、人が人格をもつものとして意志の自由があり、人格をもつものとして平等であるということを意味するもので、それが能力、生理的条件その他によって具体的に、合理的見地から差異の生ずることを否定することはできない。……問題は経済的、社会的平等であって、市民社会にあっては、労資の階級間に、経済的、社会的平等を保障することは不可能であるためにこの規定は可能なかぎりの立法方針を示すものという他はない。もともと、平等の原則は、不平等を受けないという消極的な権利であるから、積極的な平等の実現を要求することは、立法要求として法律の制定にまつ他はない。この憲法の規定は綱領規定であるから、これによって直ちに具体的な権利(主観的な法)が生ずるものとみることは出来ない」(中村哲・日本国憲法の構造一七七)。

「たしかに、どのような社会においても、人格の平等が、現実的、具体的には絶対的平等としてあらわれることはありえないから、平等は、つねに合理的不平等を予定しなければならない。もし社会に既存の不平等(例えば男女の)が存在するならば、実質的平等の要求は、一定の不平等、(生理休暇、産前産後休暇の強調)を要求せざるをえなくなるという矛盾は、これをみとめなければならない。したがって日本の社会のようにきわめて複雑な社会的不平等を前提として平等権を考える場合には、具体的規定について慎重な配慮が必要となってくる。このことから逆に一定の社会観が、憲法の精神に合致しない不平等を、合理的な差別だとして、平等の大原則の中にわりこませる危険も法論理としては当然でてくるのである。……従来平等は、形式的平等にとどまらざるをえなかった。平等の要求を、実質的平等（封建的不平等だけでなく、新しく生ずる資本主義的不平等まで排除しようとする）の行使と衝突し、資本主義社会の基本的階級構成の事実につきあたった。……平等権の解釈はかくして、正しくそれを一歩おしすすめると、現代社会の不平等を矯正するための社会政策的な要求になることが多い。」（長谷川・憲法判例の研究二六八）。

これに対し、限定的絶対的平等説においては、「何が合理的であるか」についての問題は存しない。「合理的」とか「理の当然」とかといった、いわば憲法外の、或は自然法的な、倫理的な原理を憲法解釈にもち込むことを排斥する。そして後段に列挙されたことがらを根拠とする、又列挙されたことがらにおける、差別は絶対許されないが、これら以外のことがらを根拠とする、又これら以外の関係における差別は憲法の禁ずるところではないということになる。又当然形式的平等をいうのであって実質的平等如何の問題も生ずることがないわけである。

五　一四条の適用範囲

一　平等に取扱われるべき人の範囲――「すべて国民は」の意義

本条は「すべて国民は、……」と定めるが、ここにいう国民の中に天皇或は皇族は包含されるか否か、さらに法人は含まれるかどうか、次に「国民」という以上外国人は当然この条項の保護をうけえないのか否かの問題が存する。しかしこれらの問題は一四条に限らず、第三章全体の問題でもあるから、ここでは簡単にとどめる。

㈠　天皇及び皇族と平等権　天皇及び皇族も一四条の適用をうけるか否か、即ち一四条にいう「すべて国民は」の中に天皇或いは皇族が包含されるか否かについて、実際上立法その他の国政の上でかなり重大な差別が存するが、事件になったものはなく、判例は存しない。従ってただ学説を紹介するにとどめる。

学説は天皇及び皇族は国民に含まれないとするものと、国民に含まれるが、しかしその象徴たる特別の地位に基き、本条の如きは適用をうけないとするものとがある。いずれにせよ、結論としては両説とも本条は天皇皇族には適用されないことになる。

即ち前者は「本条に所謂国民が天皇及び皇族を包含しないことは勿論で、天皇は国家の象徴として特に尊貴の地位に存し、天皇の御一家たる皇族も之に準すべき特別の身分を有せられるのであって、人格平等の原則は必然に天皇及び皇族を除外するものである。」（美濃部・原論一七〇）とする。或は又、「国民の地位に関する憲法の条規は固より天皇に適用されない。天皇は国民でないからである。」（佐々木・憲法論三八一〜三）とし、「ただ条理法上憲法により国民の有する基本的人権一般の享有能力、及び個々の基本的人権は、天皇もこれを有せられる」。しかし天皇は、「国家的象徴という役割を持つ人であるから、憲法が国民を取扱うのと同じ状態で取扱うことを許さぬものもある」（同上三八四）とする。或は又「天皇は……第三章でいう一般に国民のなかに入らないと解され、本項においても、国民の中に含まれない。それは国家の象徴として特殊の身分的性格をもつものである。そして象徴としての天皇は現に実定法的にも身分法上、刑事法上、財産法上その他多くの差別的取扱がなされている。日本の国籍をもつ者のなかに、かかる特殊の身分を承認することは、本条のもつ近代的平等原理に対する重大な異例というべきであるが、日本国憲法そのものが、かかる平等原理の例外を、基本的制度の一つとして認めているのである。皇族もかかる象徴としての天皇の地位を継承する資格を有する点において他の国民とは当然に区別された地位を有するのであり、かかる皇位継承という限度において、一般の国民と平等でない取扱をうける。しかし、皇族も国民の一員として、他の点では、平等の適用をうけると解すべきであり、本条の趣旨からいって、できる限り平等取扱をすべきものである。」（註解・上三四七）とする。

これに対し、後者の立場は、「天皇を私人としての地位において見るかぎり、『日本国民』のうちに含まれる」とし、「天皇および皇族も日本国民ではあるが、憲法は、天皇の地位について世襲制をみとめているから、皇位の世襲制に必要な最少限度においては、天皇や皇族について、法の下の平等の例外をみとめ、一般国民とはちがった取扱いを定めることは、憲法の容認するところと解される。ただし、そうした差別は、必要な最少限度にかぎられるべきであり、明治憲法時代のような高度の特別扱いが許されないことはいうまでもない。」（宮沢・コムメンタール二〇七〜八）とする。

㈢　法人と平等権　　法人は一四条にいう「国民」の中に含まれ、その適用をうけるか否かについても、判例は存しない。しかし理論上は他の第三章の規定と共に問題たりうる。しかして学説は説明の方法においてやや異るが、結論として法人は適用をうけると解している。

「後段に人種、性別の如き事由があげられているところからみて、一応法人は本項の考慮の外にあるものとも考えられるが、国民生活において法人も自然人と同様に活動しており、それが法の下に差別的取扱をうけてよい理由はない。例えば、宗教的立場により、法人に税法上不当な差別が加えられたときの如き場合に、平等取扱の要求のなされることは容易に想像されうるのであって、法人もまたここに含まれるとするを至当とする。」(註解上三四七)。同趣旨(宮沢・コムメンタール一九〇)。

又、「日本法人の地位については憲法は規定しない。併し国民の権利、義務の憲法の条項の規定する事実が、法人についても発生し得るものであるときは、日本法人は、その憲法の条項が国民について定めると、同様の権利、義務を有する。」(佐々木・憲法論四六六)と説明される。

㈢　外国人と平等権　一四条一項は「すべて国民は、」と定めるが、それでは外国人には全くかかる保障は存しないか否かが問題となる。

判例は外国人は本条に関係のないことを判示している。即ち、既にのべた外国人登録令に関する事件(前述【1】)において、外国人の入国に際して必要な手続を定める外国人登録令は「何等人種的に差別待遇をする趣旨に出たものではない」むねをのべた。ここでは、人種によって差別待遇をしたものではないとのべているけれども、外国人は国民ではないから当然かかる制限があっても平等違反でないという考えを前提しているものと推察できる。

そして学説も、説明の仕方や解釈の方法においてはそれぞれ異るが、結論は大体同様であって、本条は外国人には適用されない。しかし許しうる限り、外国人にも及ぼすべきものであるとしている。

即ち「本項が『国民』と明示しており、また後段に『国籍』が列挙されておらず、更に『政治的関係』のごときにおいて外国人を差別することは当然考えられるのであるから、本項には、外国人は直接には含まれていないと解すべきであろう。もちろん立法その他国政において、人を平等に取扱うべきことは、近代憲法の原理として本項のうちに包含されていることであるから、本項の趣旨は、当然に外国人にも及ぼされうるものであろう。」(註解・上三四六〜七)とし、或は又同様な立場から、「現在の世界が国家という単位をその法体制の基礎としている以上、ある程度の差別が外国人にみとめられるのは、やむを得ない場合があるので本条はもっぱら日本国民について定めることにしたのである。しかし『国家』に直接関係のない生活関係においては、国民と外国人とのあいだにも事情の許すかぎり、本条の原則がみとめられるべきことは当然である」(宮沢・コメンタール二〇七)とする。

又他の立場からは、憲法が「国民は」と定めようと、「何人も」と定めようと、「第三章『国民の権利及び義務』という題の下に定める条項は、その条項の定める法律事実が国民について発生する場合である、ことを前提とするものである」とし、しかし憲法が「国民に与えている地位は、外国人にもこれを与えることを政治道義上妥当とする場合が少くない」(佐々木・憲法論四七〇〜八)と説明される。ほぼ同趣旨(佐藤憲法一〇九)。

二　平等原則により義務づけられる人の範囲――私人の行為と平等原則。

最後に本条により義務づけられる人の範囲如何。即ち本条が向けられている人々、言い換えれば平等に取り扱うという行為をなすべき人の範囲如何の問題がある。この問題も憲法第三章全体の問題であり、或は憲法全体の本質に関する問題であり、こゝではごく簡単にとどめたい。

一般的に言って、憲法は国家と国民との関係を定めるもので、直接には国家機関を拘束するものであると考えられている。ただ一四条一項前段については、国家機関のうち法の定立者は拘束を受けないか否かについては学説上対立のあることは前述（二参照）した。しかし少くとも後段については、判例、学説一致して、すべての国家機関を拘束するものとし、法律、命令、規則、処分、判決等の行為及び国家機関のなす事実的行為もすべてその対象となるものと解せられている。ただ私人相互の関係における差別取扱の行為や、或はそれによって生じた慣習法についても本条はその効力を及ぼすものであるかについての問題がある。憲法は本来国家機関を拘束するものであって、直接には私人の行為は拘束しないとするならば、私人の差別的取扱も本条に違反しないことになろう。しかし労働基準法は、三条に「使用者は、労働者の国籍、信条、又は社会的身分を理由として、賃金、労働時間その他の労働条件について、差別的取扱をしてはならない」と定め、労働組合法五条二項四号は「何人も、いかなる場合においても、人種、宗教、性別、門地又は身分によって組合員たる資格を奪われないこと」を労働規約に含ませるべきことを要求している。従ってかかる法律の違反が同時に憲法一四条違反になるとする議論も存在する。

判例はこの点について地裁のものがある。即ちレッドパージ事件の一つである前述【3】において、既に引用した部分の前部において、この点についての見解が示されている。この事件は朝日新聞社がその従業員に対してなした解雇が、就業規則の解雇理由に該当するか否かが問題となり、その理由の一部として本件の解雇が信条に基く差別であり、憲法一四条に違反するか否かが争われたものであるが判決は私人による行為は憲法に違反しても直接無効とならないことを示している。

「原告は先づ日本共産党員又は其の同調者たることを理由として之を解雇することは……第一四条……に違反し無効であると主張する。先づ日本共産党員又は其の同調者たる事を理由とする解雇が信条による無差別平等……を保障する……憲法の諸規定に違反するの故を以て無効となるかと云うに、是等憲法の条項は国家公共団体が立法的、行政的措置において信条によって差別的取扱をしたり……しえない事を定めたに止り、憲法一四条も私人による不平等な取扱いに迄及ぶものでなく……、故に私人の法律行為が是等の規定に反するの故をもって直接に之によって無効とせられるのではなく、唯それが右憲法の条項の精神に違反する場合に於ては民法九〇条に所謂公の秩序善良の風俗に反するものとせらるる結果、私法上も無効とせらるる結果、……無効とせられるのである。」（昭二五(ヨ)第一二五、第二一、第一三一各号仮処分申請事件）。

学説においても、この判例と同趣旨を示すものが多い。即ち「本項の定める義務は私人をも拘束するか。例えば、使用者が、政治的な信条を理由として被用者を解雇するなどの差別的待遇を行ったとき、その使用者の行為は本項に牴触するものとして違憲であるのか。憲法というものが本来国家機関を義務づける規定であるところから、かかる私人による他人の権利の差別的取扱は、直接には本条の干与するところではないと考えられる。しかし憲法の規定するたてまえは、国家の重要な秩序を構成するものであるから、私人間の行為といえどもかかる面からの法的判断をうけることになる。従って信条を理由とする差別を内容とする契約は、本項の予定する公の秩序の違反として、無効の法律行為となりうることがあろう（民法九〇条参照）」（註解・上三四八）としている。又明瞭に憲法は私人の行為まで拘束しないことを示すものとして「私人相互の関係は、本条の直接には関するところではない。それは、原則として、私的自治の領域に属する。」（宮沢・コンメンタール二一五）とするものがある。

これに対して、次の様な見解がある。

「もしこのような差別待遇に基いて訴訟を起すことができ、判決の理由として裁判所が、このような差別待遇を是認するならば、それは明白に国家がこのような差別待遇をしたことになるであろう。そうしてそれは憲法第一四条に違反する行為であり、そのような行為は効力をもつことができない」（鵜飼・憲法六九）。或は又「この種の事件が訴訟となったときに裁判所がその差別待遇を是認したとすれば、それは国家がこの様な差別待遇をしたことになるのであるから、裁判所はそのような判決をなし得ない筈である。」（佐藤・憲法一二八〜九）としている。

しかしそのような私人間の種々な行為において、私人がある差別をしたとしても、そのような差別行為については裁判所は私的自治の問題或は個人の自由の問題として是認するべきか、或はそのような差別をみとめる判決は憲法の平等の原則違反となる故に是認すべきでないかは一概にはいえないことであろう。

労働者の権利

横川博

労働者の権利に関しては、厳密な意味で判例ということができるもの、すなわち類型的な事実に対して法規を適用することによって生れ、同様な事実に対して具体的法規範として適用されうる判決は、余り多くない。しかし、一般に判例という言葉はそれほど厳密な意味に用いられてはいないようだし、最高裁自身でさえ、特殊な事実に対して下された判決を、しかも時には意味を拡張して、判例として援用している。これは余り良い傾向ではなく、不当でさえあるが、しかし一般に行われている以上はそれを無視することはできないし、厳密な意味での判例が少ない以上はやむをえない面もある。そこで本稿も余り厳密な立場をとらず、労働者の権利に関して今までに下された主要な判決を検討してみることにする。

凡例

一、労働者の権利に関する判例には事件の名称が附けられる慣例なので、本稿もそれに従った。

二、判例の掲載された文献についての略号は本叢書凡例のほかたとえば次のようにしてある。

労民裁判集二58＝労働関係民事裁判集二号(58)事件判決

労民集二・三25 2＝労働関係民事裁判例集二巻三号(25)ノ二事件判決

別旬報290＝別冊労働法律旬報二九〇号

はしがき

日本国憲法で保障されている国民の基本的人権のうちで、特に労働者にとって重要な意味をもっているのは、二五条「すべて国民は、健康で文化的な最低限度の生活を営む権利を有する……」、二七条「すべて国民は、勤労の権利を有し、義務を負ふ。……」、二八条「勤労者の団結する権利及び団体交渉その他の団体行動をする権利は、これを保障する。」の三つの規定である。一般にこれらの規定をそれぞれ生存権、労働権（勤労権）、団結権及び団体行動権と呼び、またこれらを一括して労働者の基本的権利ないし労働基本権と呼んでいるが、それは、これらの権利が特に労働者に対して保障されねばならない権利だからである。いうまでもなく労働者は労働力を他人に売り、その報酬によって生活し、また家族を養わなければならない存在であるから、そのためには労働力を売ることができなければならず、また売る場合にも、適当な労働条件の下で売ることができなければならない。そのためには、できるだけ就労の機会が与えられ、あるいはその機会がない場合にも生活費をうることができねばならず、また労働条件の維持改善その他地位の向上のために団結して行動することができなければならない。即ち、労働者が生存権を確保するためには労働権の確保が不可欠であり、また生存権・労働権を確保するためには団結権・団体行動権が不可欠である。そこで、一般に国民としての立場に対して認められている権利の他にこれらの権利が、特に経済的弱者である労働者階級に属する者にとって、基本的権利として保障される必要があるのであり、その意味で労働基本権とされるのである。

ところで本稿のテーマは「労働者の権利」であるが、ここで検討する判例はかような労働基本権、それも主として団結権・団体行動権に関する問題の若干についての判例に限られる。その理由は、与えられた紙数に限りがあるからでもあるが、また労働者をも含めた一般国民に共通する権利の問題については、それぞれ執筆者が予定されているからである。それ故、労働者の権利の問題としても重要な意味をもっている若干の問題、たとえば表現の自由（デモ行進等が関係する）の問題、思想・良心の自由（レッド・パージ等が関係する）の問題等はここでは取扱わないし、また憲法学というよりもむしろ労働法学の問題として取扱われるべき問題もここでは取扱わない。そこで、本稿で取扱われるのは、第一、団結権・団体行動権に関する若干の問題、第二、労働基本権と財産権との関連に関する若干の問題、第三、労働基本権と公共の福祉との関連に関する若干の問題である。しかしかような範囲内の判例によっても、労働者の権利に関する裁判所の態度の大体の傾向は、うかがうことができると思う。

一　団結権・団体行動権

労働基本権の中でも特に実際上重要な意味をもっているのは、団結権・団体行動権である。その理由は、生存権と労働権の保障の規定がいわば原則の宣言であって、その実現が主として政府の政策に依存しているのに対して、団結権・団体行動権の保障は、労働者の自ら行使しうる具体的権利として、多分に、労働者自身の主体的努力によって維持されうるからであり、またさような団結と団体行動によって、結局、生存権・労働権も実現されることになるからである。従って目的と手段という観点に立てば、労働権や団結権・団体行動権、特に後者はあくまで労働者の生存という目的実現のための手段にすぎないが、実際には、団結権・団体行動権こそ労働者のすべての権利の核心であるといっても良いのである。このことはこの権利の保障されるに至った歴史的理由から見ても明らかである。一八・九世紀の各国憲法は、いわゆる市民的自由の観念に立脚していたから、生存権の確保は全く個人の責任に委ねられ、労使の関係はさような個人の何人にも拘束されない自由な意思による契約によってのみ形成されるべきものとされていた。従って、労働者が労働条件の維持改善のために団結し、団体行動をとることは、労使の自由な契約を侵害するものとして違法とされていたのである。然るに資本主義の発展に伴い、かような市民法秩序を否定する契機が次第に顕著に現われてきた。即ち労働問題・労働運動の出現がこれである。元来、市民法秩序が仮定している自由な契約は、使用者と個々の労働者との間には存在しえなかった。自らの労働力を売る以外には生活の手段をもたない労働者にとっては雇傭されないことは即ち生活できないことを意味した。そこで労働者階級が弱小であった当時の労働者は、とにかく生存を続けるために、いかに劣悪な条件の下であれ、使用者の提示する条件の下で働らくことを承認せざるをえなかった。しかし、次第に増大し、また自らの階級的地位を自覚するに至った労働者は、やがてかような困窮から逃れるために団結し、団体行動をするようになった。元来個々の存在としては無力な労働者も、団結し一体となって使用者に対することによって強力な存在となることができる。たとえば使用者によって提示された労働条件が余りにも劣悪であるとき、それに対して労働者が団結して労働力の供給を拒否するとすれば、使用者はその財産を資本として活用し利潤をうることができなくなる。とすれば、使用者をして更に労働者に有利な条件を提示せざるをえない立場におくことも可能になる。とにかく、かような場合には、労使双方は初めて労働力の自由な売り手と買い手として、双方の独自の利害得失の比較考量に基いて取引することになり、かくて近代市民法の仮定した自由な契約関係が成立する。換言すれば、労使の自由な契約関係は、労働者が団結して一体となって行動することによって、即ち使用者と対等な取引をなすに足る実力を背景として、始めて実現される。その意味では、労働者の団結権・団体行動権の承認は市民法秩序の理念の実現に役立つものであり、それこそこれらの権利が、当初は違法として弾圧されたにもかかわらず、次第に許容され、遂に二〇世紀に至って一般的に権利として承認されるようになった理由である。そして今日では、これらの権利は、憲法典に明文で規定されていると否とを問わず、文明各国において当然の権利、いわば「『二〇世紀の自然法』の要求する権利」（「註解日本国憲法」三三九頁）として承認されているのである。といっても、もちろん、かような権利が権利として承認されるまでの過程は決して容易ではなく、一般に労働組合運動に対する各国政府の態度は、禁圧・放任・助長の三段階を経ているのであるが、しかも政府にかかる態度の変更をなさしめたのは、実に労働者の絶えざる団結・団体行動の成果であった。

即ち、労働者が自己の生存のために団結する行動が、政府の弾圧にもかかわらず、根強く繰返して行われ、それらの努力の蓄積された結果として、遂にこれらの権利が政府によって法認されるに至ったのである。憲法九七条にも「この憲法が日本国民に保障する基本的人権は人類の多年にわたる自由獲得の努力の成果であって……」と規定されているように、元来権利はすべて「闘い獲られたもの」（イェーリング）であるが、このことは団結権・団体行動権についても甚だ明らかに現われている。しかも、いうまでもないことだが、今日の労働組合の要求の中にも最低賃金の要求や不当解雇反対がしばしば現われていることにも示されているように、団結・団体行動は元来生存権・労働権を確保する有効な具体的手段として行使されてきたのである。かくて要するに、団結権・団体行動権は労働者の生存および一般に労働者の地位向上のための核心的な権利なのであるから、その行使は最大限に尊重されなければならない。

さて、憲法二八条はかような権利としての団結権・団体行動権を保障しているのであるが、その規定の仕方は甚だかんたんであるから、その解釈には問題となる点が多い。以下それらについての判例を検討してゆこう。

一　団結権・団体行動権の法律的性質

団結権・団体行動権の法律的性質については、大別して自由権説、生存権的基本権説、具体的権利説があり、判例もこれに応じて分かれている。

(1)　自由権説（たとえば大石義雄「日本国憲法逐条講義」一二五頁、孫田秀春「労働協約と争議の法理」一一四頁）はこれらの権利をいわゆる自由権の一種とみるが、この立場に立つ判例はごく少数である。次の判例はその代表的なものである。

【1】「元来憲法第二十八条が勤労者に保障する団体交渉権とは勤労者が自分等の結成した団体により団体交渉をすることを国家より制限されないという自由権であって、勤労者の団体が使用者に対し団体交渉に

応ぜしむべき権利を有することを認めたものではなく、使用者は団体交渉に応ずべき義務を負担しているわけではない」（豊和工業事件、名古屋地判昭二三・一二・八労民裁判集二58）。

(2) 生存権的基本権説（「註解日本国憲法」五三六頁）とは、これらの権利を単なる自由権とはみないが、さりとて使用者との関係において具体的な権利を認めたものともせず、国家がこれらの権利のために積極的な措置を講ずる責務を負うていることを規定したものとする立場である。かような見解が我が憲法学界の通説であるといってもよいであろう。もっとも、かような内容をもつ権利の名称は必らずしも一様ではなく、社会権（宮沢俊義「日本国憲法」）、受益権（清宮四郎「憲法要論」）、生活権（田畑忍「憲法学原論」）などとも呼ばれ、また名称を異にするにつれてその意味内容にも若干の相異がある。しかしこの説をとる場合にも、この規定が、かような保障に反するような私人間の行為は国家としても認めないという態度を表明したものとして、この規定に基いて直接に民事・刑事の免責や、私人の団結権侵害に対する一定の効果が発生することを認める立場がある（たとえば「註解日本国憲法」五三六頁、宮沢俊義「日本国憲法」二七六頁）。次の判例は大体この立場に立っていると思われる。

【2】「憲法第二十八条の保障する勤労者の団結権は単なる自由権ではなく、所謂生存権的基本権として国家の積極的な関与、国家権力による保障を要求しているもので、国家はこの根本原則にもとずいて進んで勤労者がかかる権利を行使し得る環境を維持することに努力すべき義務を負っているものと解すべきであるから……その行為が組合結成を援助するものである……以上これをとらえて解雇の理由とすることは、疎明の範囲において被申請人が申請人等に対してかかる処置をとらなければ、その企業の存立について重大な結果を招来する等の事情について特に認むべきもののない本件においては、憲法が勤労者の団結権を保障した趣旨に反するものといわざるを得ず、かかる法律行為は民法第九〇条に違反し、従って本件の右解雇の意思

表示は……その効力を生ぜず……」(斎藤鉄工所事件、東京地判昭二七・七・三一労民集三・三26)。

【3】「思うに憲法第二八条によって保障される権利の内容は、国家がかかる権利実現のため積極的な措置を講ずべき責務に対応するものであって、同条によって直接には労使間に具体的な権利義務が設定されるものではなく、団体交渉権等を憲法が権利として保障することによって、国家がそれらの権利の実現に関与し、助力すべき責務を負っていると共に使用者においても、かかる権利を否認しないようにすることが憲法の下における公の秩序であることを宣言し、従って国家としては、これに反する行為の効力を否認し、使用者の団体交渉の拒否が正当でないならば、これを違法と評価し、労働者のために損害賠償請求権を発生せしめるものと解するのが相当である」(国鉄機労団交義務確認請求事件、東京地判昭三二・一一・一別旬報290)。

(3)　具体的権利説は、憲法二八条が単に国家に対する関係においてのみならず、使用者との関係についても具体的な権利を保障したものであるとする。この見解はわが労働法学界の通説である(たとえば有泉亨「労働争議権の研究」九三頁以下、沼田稲次郎「団結権擁護論」一二八頁以下、吾妻光俊「労働法の基本問題」六九頁以下)。次の判例はこの立場をとっている。

【4】(団体交渉は)「固より当事者の行う事実行為に過ぎないが、かかる事実行為が前提となって労働者の権益を確保する団体協約が実現するのであるから、……これを目して単なる『能力』又は『可能性』と断定し去ることはできない。……団体交渉権が団体協約締結権でないの故を以てその権利たるの本質を無視しようとするのは労働法上の権利概念を市民法的な法律概念を以て律し、その特殊性を抹殺しようとするものであって排斥されなければならない」。「団体交渉権が当然相手方を予想するものであり、更に憲法がこの権利を保障していることを考えれば、国鉄の場合も制裁は伴わぬにせよ、誠実に団体交渉に応ずべき義務があり、……従って団体交渉に応ずべき旨の請求は給付訴訟の客体として妨げなきものといわねばならない」(国鉄労組仮処分事件、東京地判昭二四・八・八労民裁判集七154)。

【5】「労働組合がその選んだ代表者によって使用者と団体交渉をする権利を有し、使用者が正当な理由なしにこれを拒否してはならないことは、すでに憲法第二八条、労働組合法第六条、第七条第二号等の明らかにするところ……」である。それ故「被申請会社は申請労働組合がその代表者たる……を交渉委員の一人として参加させることを拒むことにより申請労働組合との団体交渉を拒否してはならない」（阪神電鉄団交拒否事件、大阪地判昭三〇・四・二一別旬報201）（同旨判決、品川煉瓦仮処分申請事件、岡山地判昭二五・五・二六労民集一・三37）。

この具体的権利説に対しては、「憲法の規定が私人間に直接に、権利義務関係を発生せしめることは、不可能ではないにしても、例外である」が、わが憲法にはワイマール憲法一五九条（ボン憲法九条、東独憲法一四条）のような「明文或いはそれ相当の対策規定が存在しないのであるから、例外的場合と解する根拠に乏しい」（「註解日本国憲法」五三六頁）等の理由をあげての有力な反対論がある。たしかに憲法の権利の保障は、原則として、国家と国民との関係を規律するものであり、直接に私人間の関係を規律するものではない。しかし団結権・団体行動権は、たとえば団結権が特に結社の自由と区別して認められ、労働協約が労働契約に優先するとされ、またストライキが威力業務妨害罪にならないものとされていること等からも明らかなように、本来、市民的自由権とは異った特殊の権利であり、またこれらの権利の行使は概念必然的に私人、特に使用者を予想するのであるから、かような意味内容をもつ権利の憲法による保障は、単に国家に対してのみならず、私人に対しても一定の効力をもっていると解すべきである。従って使用者に対して団体交渉に応ずる**義務**を認めた前記【4】【5】の判決が妥当である。

二　団結権・団体行動権の主体

（一）　団結権・団体行動権の主体はいうまでもなく、勤労者であるが、この勤労者に何人が含まれるかは必らずしも明確でなく、判例も十分ではない。

(1)　まず「勤労者」がいわゆる（従属的）労働者に限られるか、あるいは勤労生活に従事している一般大衆をも含むかについては次のような最高裁の判決がある。

【6】　「勤労者がその労働条件を適正に維持改善しようとしても、個別的にその使用者である企業者に対立していたのでは、一般に企業者の有する経済的実力に圧倒せられ対等の立場においてその利益を主張しこれを貫徹することは困難なのである。されば勤労者は公共の福祉に反しない限度において、多数団結して労働組合等を結成し、その団結の威力を利用し必要な団体行動をなすことによって適正な労働条件の維持改善を計らなければならない必要があるのである。憲法第二八条はこの趣旨において、企業者対勤労者すなわち使用者対被使用者というような関係に立つものの間において、経済上の弱者である勤労者のために団結権乃至団体行動権を保障したものに外ならない。それ故、この団体権に関する憲法の保障を勤労者以外の団体又は個人の単なる集合に過ぎないものに対してまで拡張せんとする論旨の見解にはにわかに賛同することはできないのである」（板橋造兵廠食糧デモ事件、最判大法廷昭二四・五・一八刑集三・六・七七二）。

【7】　「憲法二八条が保障するいわゆる団結権乃至団体交渉権の規定が、本件のような単なる一般市民の集合に過ぎないものに関して適用なきものと解すべきことは、当裁判所の判例……に徴して明らかである」（川崎市労働者市民大会事件、最判大法廷昭二五・一〇・一一刑集四・一〇・二〇一二）。

これらの判決に対立するものとして、憲法二八条の勤労者とは「自己の勤労によって生活を維持する大衆を指す」。「かかる国民の大多数を占める中流下層の国民大衆を意味するものと解すべきであって、かくてこそ、現代社会における社会・経済的基本権保障の規定たる意味をもちうる」（鈴木安蔵「憲法学原論」四二二頁）

とする見解があるが、団結権・団体行動権が承認されるに至った歴史的理由からみれば、これらの権利が、労働力を他人に売って生活するいわゆる「従属的労働者」の観念に立脚していることが明らかであり、しかも労働者の絶えざる団結行動によって遂に法認されるに至ったものであるから、さような権利が一般大衆にも認められると解するのは無理であろうし、また一般大衆に対して通常の集会・結社の自由等（憲法二一条）以上に特別の権利を保障する理由も明らかでないから、その意味で、右の判例が妥当である。もっとも右の判例は後記（【12】事件）のように、これ以上の意味をもつものとして適用されているから、その点では不当である。

(2)　団結権・団体行動権の保障の理由が従属的労働の観念に求められている以上、公務員が、「勤労者」であることは当然である（通説）。次の判例は公務員である小学校教員についてこのことを明確に述べている。

【8】「労働の従属性ないし従属的労働と呼ばれる近代社会に特有な労働関係の存する限りそれが直接に物質的生産に結付いた生産労働であると、その他不生産労働であるとを問わず、常に適用あるものと解すべきである。小学校教員といえども、その労働の特殊性を除けば、彼の全生活は経済的社会的生活条件の実質において、自己及びその家族の生活に必要な生活資料を得るためには、その労働力に頼るの外はないという意味においては、正に近代社会における典型的な労働者であり、しかも彼が教員として就職するため労働契約を取結ぶ場合には自己の意思によって自由に労働条件を決定するわけでなく、……その勤労、労働関係に、程度の差こそあれ労働時間においても、作業態容においても、使用者意思への従属性が存する意味において……従属的労働者」である（翔鸞小学校事件、京都地判昭二五・一一・九労民集一・六・88）。

この他の判例も、あえてこの問題に言及しない場合にも、このことを当然の前提として認めている。もっともかかる見解に対して後記【58】事件の栗山裁判官の少数意見は

【9】「労使（労資）の対等取引を前提として正義を分配しそれを保障したものが憲法二八条である。然るに国又は地方公共団体とその公務員との関係は毫も対等取引を前提とする関係でもなければ又もとより私有財産制度を前提とする労使の関係にかかわりないものである。それ故公務員は憲法二七条にいう勤労の権利を有する者であることは勿論であるけれども本質的に憲法二八条の勤労者ではないのであって、同条が保障している権利はもともと享有していないのである」（国鉄弘前機関区事件、最判大法廷昭二八・四・八における栗山裁判官補足意見、刑集七・四・七七五）。

と主張しているし、また学界にも公務員は「勤労者」でないとする見解がある（たとえば清宮四郎「憲法要論」一〇九頁）。しかし、いうまでもなく近代資本主義社会においては、国又は地方公共団体も私人も共に経済的主体であり、従って単に私企業においてのみならず一般に雇傭関係はすべて労働力の売買であって、公務員と雖も自己の労働力を売ることによって生活していることには変りはなく、決して恩恵的な給付を受けているのではないから、かかる公務員を「勤労者」でないとすることは誤りである。

(3)　団結権・団体行動権が一般に従属的労働者に対して保障されている以上、失業者や新たに職を求めている者等現に特定使用者との間の従属関係に立たない者も「勤労者」であり、従って解雇された者も「勤労者」でありまた労働組合員であることができる。このことは、元来労働組合が産業別組合として発達した歴史的事情から見ても明らかである。しかるに、組合が企業別に組織されているわが国においては、特定使用者との雇傭関係から離れることは同時に団結権・団体行動権の実質的否定

になりやすく、そのことから被解雇者の地位が重要な問題になる。これについては次のような判例がある。

【10】（事実）会社より解雇されたものが解雇無効確認等を請求し、大阪地裁において、本案確定まで会社従業員として取扱えとの仮処分決定がなされたが、会社は解雇を有効と信じて、同人を含む組合代表者との団体交渉に応じなかった。

（判旨）「組合の代表者として何人を選任するかは組合員において自主的に決すべきものであるから、既に……が組合の代表者に選出されている以上たとえ会社において前記解雇により既に同人が会社の従業員でないと信じていても、単にそれだけの理由で使用者たる会社は組合が……を交渉委員として団体交渉に参加させることを拒否してはならない」（阪神電鉄団交拒否事件（前記〔5〕と同事件）、大阪地判昭三〇・四・二一）。

この判決は、被解雇者が地位保全の仮処分決定を得ていることに影響された点があるかも知れないが、とにかく一般に「勤労者」の範囲に関して妥当な見解を示している。また次の判決は被解雇者もその解雇が争われている限りは、組合員であるということを示したものであって妥当な見解である。

【11】「一般に『この組合は……の従業員を以て組織する。』との組合規約が存する場合に、解雇せられたものは、その解雇の効力を争わない限り、賃金、退職金等の支払の終了を以て、当然組合員たる地位を失うと解すべきであるが、然らざる場合には、当然には、組合員たる地位を失わないというべきである。けだし、このように解釈しなければ、労働関係の終了という重大な結果を招来する解雇について、組合員として組合の保護を受け得ないこととなり、労働組合の本質に反するからである」（東京都職員労働組合事件、東京地判昭二五・九・八労民集一・五・66）。

(4)　以上に述べた理由により、自由労務者も「勤労者」であり、従って団結権・団体行動権の主体である。しかるに最高裁は、前記【6】の判決（内容は労働者と一般市民とを区別しているにすぎない）を援用して、一貫して自由労務者の権利の行使を否認している。次の判例はその代表的なものである。

【12】（事実）　被告人二名は自由労組準備会の役員として、県労働部長、同部職業安定課長と、あぶれ労働者の就職あっせんについて交渉し、再三退去を要求されたが応じなかった。

（判旨）　「憲法二八条は使用者対被使用者すなわち勤労者というような関係に立つものの間において経済上の弱者である勤労者のために団結権ないし団体行動権を保障しもって適正な労働条件の維持改善を計らしめようとしたものに外ならないと解すべきことは当裁判所大法廷の判例とするところである。……しかるところ、職業安定法四条二号によれば政府は失業者に対し職業につく機会を与えるため必要な政策を樹立しその実施に努めなければならないこと勿論であるが、政府ないし愛知県が失業者に対し就職の斡旋をすることは使用者対勤労者というような関係に立つものではないのであるから本件被告人等の行為が憲法第二八条の保障する団結権ないし団体行動権の行使に該当しないことは多言を要しないところである」（名古屋笹島日雇労働者事件、最判一小昭二八・五・二二刑集七・五・一二二五）。

【13】　「……自由労働者組合と……公共職業安定所間における失業対策事業の適格審査についての交渉のごときものは使用者対勤労者というような関係に立つものではないから、憲法二八条の保障する権利の行使に該当しないことは、当裁判所の判例の趣旨とするところである」（浅川町自由労働者事件、最判一小昭二九・六・二四刑集八・六・九五一）（同旨判決。たとえば郡山職安所就労要求デモ事件、最判三小昭三二・二・五刑集一一・二・四八三）。

すなわちこれらの判決はいずれも自由労務者の団体交渉権の行使を否認しており、かようにして最高裁の態度は確定しているわけであるが、しかしその判断が余りにも形式的で、自由労務者の権利を不当に侵害するため、その後も下級審でこれと相反する判決が出されている。たとえば次のような判決があるが、自由労務者の団体交渉権に関して実質的に判断していて妥当である。

【14】（事実）　三重自由労組員が職業安定所および町役場におもむき、組合員三名の就労拒否処分の撤回を要求して交渉し、退去を求められたにもかかわらず退去せず、また出動した警察官に対して抵抗した。

（判旨）　「形式的には失対就労者個人と事業主体との労働関係は、日々の雇傭契約終了と同時に消滅するけれども、現下の経済的事情はそれを許さず継続雇傭を必要とする情勢にあり、法も亦決して、それで満足するものではない」。「失対就労者は、一般経済情勢の影響下に低賃金と生活苦と闘い、現在の生活条件を向上させようという共通の欲求を達成するため一個の利益共同体を形成せんとするは自然の流れである。これが自由労働組合である。そしてこの組合に属する者のうち誰かが連続的にであれ間隔的にであれ、特定の事業主体即ち使用者に雇われていることは必然であるから、該自由労働組合と使用者との関係は、個別的一回的なものではなく、集団的継続的対向労働関係に立つものと認めて何の妨げもない」。「事業主体たる地方公共団体に賃金や就労日数決定の権限がないことは法の定むるところである。（緊急失業対策法第十条第二項、同法施行規則第八条）然し、これについても単なる陳情として看過しえない場合があろうし、これを除外してもその他の労働条件の維持改善に交渉の余地があり、組合員の就労拒否に対して交渉することも可能であるから自由労働組合に団体交渉権を排除すべき理由は少しもない」。「経済的、法律的な実質上から究めると、国及び地方公共団体の労働行政機関は、失対就労者と形式的には雇傭関係を結ばないけれども、失対就労者に対して通常使用者が被使用者に対して有する稼働日数、賃金等の重要な労働条件の決定に関する権限の全部ないし一部を有し、失対就労者はその下に立ち、更に、出先機関である公共職業安定所長は、失対就労者に対して右関係から生ずる労働条件の決定者たる地位（使用者と同視ないしこれに準ずべき地位）に、失対労働者は、これらに服せざるを得ない地位に立つ。故に、自由労働組合の公共職業安定所長に対する就労紹介停止処分及び労働条件に関する交渉は、これを正当な団体交渉と認むべきである」（三重自由労組事件、津地判昭三一・三・二別句報252）

（同旨判決。東舞鶴自由労組事件、京都地舞鶴支判昭二五・一二・二二刑資102六七六。長野自由労組事件、東京高判昭二八・二・一七刑資102三二一）。

（二）　団結権・団体行動権は個人としての勤労者に対して保障せられるとともに、さような勤労者の団結体（一般には労働組合）に対しても保障せられる。このことを否定するように見える見解もある（たとえば田畑忍「憲法学原論」四四五〜六頁）が、団結という概念は本来団（結）体の活動を予想しているのであるから、団体そのものについても一定の権利が認められなければならない。そこで、かような団体そのものの団結権・団体行動権の行使が問題となる。

(1)　いうまでもなくユニオン・ショップは労働者が就職後一定期間内に組合員資格を取得しないとき、あるいは組合員が組合員資格を失うとき、使用者によって解雇されるとする制度であるが、組合が企業別全員組織をとっている我が国では、かような制度が労働協約の中にとり入れられている例が多い。ところで、使用者と組合との間でかような協定が結ばれると、労働者は間接的に組合加入を強制されることになる。そこでかような制度が労働者の「団結からの自由」又は「団結選択の自由」を侵害し、従って憲法二八条に違反し無効となるのではないかという疑問が生ずる。さような見地に立ってショップ協定を無効とする学説（たとえば石井照久「労働法総論」三二九〜三〇頁）もあり、次の判例もさような見解をとる。

【15】　「勤労者が組合を結成する等、団結する権利は独り勤労者に属する自由権である限り勤労者が組合を結成せざることは又一組合を脱退して他の組合を結成することも勤労者が自己の意思に基き自由に処分し得る権利であると認むべきであってこの権利が……絶対不可侵の権利である以上たとえ組合規約を以てこれに禁止制限を加え又はこれと同一効果をもたらすような約定があっても、それは……憲法に違反し何等拘束

力を有するものとはいえない」（旭化成延岡工場事件、宮崎地延岡支判昭二四・七・二〇刑資48二九三）。

しかし、元来労働者の団結は、個人では使用者に対抗できない労働者が労働条件の維持改善を図るための基礎をなすものであり、労働者の自由も権利も団結によってのみ実現しうるものであって、団結権はさような権利として、特に労働者のために、一般の結社の自由と区別して、憲法に規定されているのであるから、さような団結を強化するためには、団（結）体がユニオン・ショップ制によって個々の労働者に団結を強制することも原則として許されるべきである（通説）。次の判例はその意味で妥当である。

【16】「個々の労働者の組合に加入しない自由と云うのは元来組合は労働者の利益増進を目的とするものであると云うことを思えばかなり贅沢な自由であるとも云えるし、又労働組合は労働者のために門戸を閉ずる訳ではなく、却て門戸を開放して出来る丈多くの労働者を収容結束しようとするものである。少くとも左様あるべきだと云うことも考えれば労働者の職業選択の自由が害されるとも思えないし、実際にもその弊害は極めて僅少であって公共の福祉に反するとまでは云い得ないであろう。また使用者の雇傭の自由にしても組合が良心的であり、経営そのものについて協調的であれば害されることはない。……のみならず労働協約は使用者の承諾したものである。若しクローズドショップを左様に嫌忌するなら承諾しなければ良いし、それを拒み得る丈の対抗力がないとすれば即ち止む訳である。斯様に観て来るとクローズドショップ制を無効とする理由はない。即ち法律上有効であるとせねばならぬ」（東洋陶器事件、福岡地小倉支判昭二三・一二・二八労働資料三55）。

（注）　判例でクローズド・ショップといっているのは何れもユニオン・ショップのことである。

【17】「使用者が労働組合との間に締結した労働協約においていわゆるクローズドショップ制の規定を設

けた場合に、組合がその組合員を除名したときは別段の事情のない限り使用者は被除名者を解雇すべき義務あることは所論の通りである」（大浜炭鉱大浜工業所事件、最判二小昭二四・四・二三刑集三・五・五九八刑資26四二五）。

もっともこれらの判例は何れも旧労組法当時のものであって、今日では労組法七条一号但書もあることから、かようにユニオン・ショップ制の効力一般についてとりあげる判例はなく、むしろ特定のユニオン・ショップ協定の効力の問題、すなわちかような協定の未組織労働者に対する関係、他の組織に属する労働者に対する関係、組合員の脱退、新組織の形成などの場合の効力の問題などが争われている。これらの問題は甚だ複雑であって、ここでくわしく立入ることはできないが、要するに、ユニオン・ショップ制は団結権を保障するために認められるのであるから、その効力は、その目的に適合するように判断されねばならないといえよう。その意味で次の判決は妥当なものと思われる。

【18】（事実）　争議中新組合が結成され、争議後その切崩しのために旧組合が解散したが、一部の者は新組合に加入しなかった。ところが会社と新組合とが労働協約を締結しその中にユニオン・ショップ条項がとり入れられたので、他の者は新組合に加入したが、旧組合執行委員であった五名は加入申込の際特別の手続を要求されたので、加入しなかった。そこで会社はこの五名を解雇した。

（判旨）　「ユニオンショップ協定が協定締結当時既に従業員たる地位を有する労働者にも及ぶかどうかについては問題であるけれども、少くともいずれの組合にも属しないいわゆる未組織労働者である場合には、これを積極に解するのが相当であるので本件解雇は、右の意味において一応右のものといわなければならない。

しかしながら、使用者がユニオンショップ協定に基いて組合に加入しない労働者を解雇することによって組合加入に協力することが不当労働行為を構成しないとされた所以のものは、個々の労働者の雇傭契約上の権利を犠牲にしても、組合の団結権を擁護しようという労組法の精神に基くものであるから、右協定に基く解雇が有効とされるのは、団結権の擁護のためになされたことを要するものというべきであり、従ってユニオンショップ協定による解雇と雖も実質上団結権の擁護に何等の関係を有しない解雇は、単にユニオンショップ協定に名を藉りるものであって労組法の精神に反し、解雇権の濫用として許されないものと解するのが相当である。ところで労働者が組合の定める手続に従って加入の申込をしたのにかかわらず、組合が正当の理由なくその申込を拒否し加入を承認しない場合には、その限度において組合自らユニオンショップ協定によって担保される団結権を放棄していると見る外はないのであるから、この場合にも組合の団結権の擁護のために組合に加入しない労働者をユニオンショップ協定による解雇として有効なりとするは、それ自体情理(ママ)であり、法が認めたユニオンショップ協定による解雇の目的を逸脱しているというべきであって、かかる解雇は法律の要求する正当性を欠き権利の濫用として許されないものと解すべきである」(東邦亜鉛安中製錬所事件、東京地判昭三一・五・九判時82別旬報238)。

(2)　労働者の団体も団体である以上、個々の労働者がその団体の統制に服さなければならないのは当然である。たとえば次のような判決がある。

【19】「一般に労働組合が結成せられているときは、労働者及び使用者は原則として、労働組合を介してのみ交渉をなすべく、労働組合を介することなく使用者が労働者と直接交渉することは、労働者の団結権ないし団体交渉権を侵害し、それゆえ不当労働行為(団体交渉の拒否)となるのである。ただ団体交渉が期待しえない場合、もしくは労働組合が明示又は黙示の承認を与えた場合等、労働者の権利を侵害するおそれがないという特別の事情の存する場合には、使用者は直接個々の労働者又はその集団と労働条件につき直接に

交渉をすることが許されるにすぎない」（宝製鋼所事件、東京地判昭二五・一〇・一〇労民集一・五64）。

【20】「団結権は、労働団体そのもののために認められた権利であるから、労働組合が団体行動に訴える限度においては、労働者は、労働条件の決定その他使用者との交渉を組合に一任し、正当な事由なくして個別的な行動をとらないこと、又とるべからざることを要求されるのである」（日本油脂事件、東京地判昭二六・一・二三労民集二・一7）。

しかし、労働者の団結は主として労働条件の維持改善のためであるから、労働者の市民としての自由は原則として団体の統制外にあり、ただ具体的事情の下で団結を維持する必要上やむをえないと認められる場合に限り、統制が認められることになる。次の判例はこの点に関して判断を下したものであるが、いずれも妥当な判決と思われる。

【21】「組合員に対して一定の政治的態度を求むる決議をなすためには、これが具体的場合に組合員の地位向上のためとくに必要である事情がなければならない。しかるに被申請組合が共産党員のいわゆるフラク活動なる政治活動を全面的に禁止しなければならないようなさしせまった事情は……認めがたい。従って決議をもって共産党フラク活動を禁止し、制裁規定をもって組合員に強制することは被申請組合の目的の範囲外の行為であって、右決議は……当然無効といわなければならない」（扶桑金属事件、大阪地判昭二四・六・二六労民裁判集六104）。

【22】（事実）　会社主催の講習会の内容が労使協力による職場防衛教育であり、これに対して組合が反対し、組合員が出席しないように指示したが、それに対して会社は業務命令によって組合員を参加させた。

（判旨）　「技術教育の如く当該従業員の職務内容そのものについての教育とか或は、これと直接、密接な関連を有する教育については、会社は業務命令として、原告等に対しこれが受講を命じうる権利があるし、原告等もこれを受くる業務上の義務がある。しかしながら、それ以外の教育については、会社にかかる権利はないし、原告等にもかかる義務はない」。「本講習会の開催が、被告の主張するように、被告組合に対する不当労働行為であるかどうかはしばらくおくも少くとも、原告等が本講習会に参加することは、被告組合の団結を弱化さすおそれがあると疑うに足りる合理的な理由があり、被告組合はこれを禁止することが出来るものと言わねばならない」(三井美唄事件、札幌地岩見沢支判昭二八・一・三一労民集四・二10)。

(3)　労働者の団体が団結権・団体行動権の主体として認められる以上は、さような団体の上部団体もまた、当然、それらの権利の主体として認められる。次の判例は、始めに規約をもっていたが、その後規約を破棄し、また性格を一変し、しかも新規約をもたないままに慣行的に活動していた連合体に対しても団体交渉権を認めたものであるが、この意味で妥当な判決である。

【23】「連合会は現に規約もなく、単位組合に対する統制力ももたないが、各単位組合が企業内において共通する利益に基き統一ある行動をとり、共同闘争によって労働者の地位を向上させることを目的とし、各単位組合の委員長を含む三名の各代表で構成される連合委員会と連合会を代表する連合会委員長をもち、単位組合間の行動の統一を調整し会社と団体交渉をする点において一種の組合連合体であることに変りはなく、ただ、単位組合との関係における決議権やその他の権限の範囲は明らかでなく、上下関係はないけれども、従来の会社と連合会及び単位組合との間の慣行や、連合会に諸種の権利を認めた協約の規定に徴し、少くとも各単位組合に共通する事項については、単位組合が特に反対の意思表示をしない限り連合会にも団体交渉権が認められ且つ会社と連合会との間に団体交渉が行われるときは、その効果は各単位組合にも及ぶものと解することができる」(池貝鉄工事件、東京地判昭二二五・六・一五労民集一・五63)。

(三)　労働者の団体はすべて憲法二八条によって団結権・団体行動権を保障されねばならないのであるが、わが労組法はいわゆる組合の資格審査の規定を設け、同法二条・五条の要求する条件を充さない組合は同法に「規定する手続に参与する資格を有せず、且つ、」同法に「規定する救済を与えられない」としている。そこでいわゆる法外組合の地位の問題が生ずる。かような労組法の規定は組合の自主性と民主性を確保するために設けられたものであって、その限りでは必らずしも違憲とはいえないが、本来労働組合は労働者の自主的な団結によって生れ自主的に維持されるべきものであるから、いらざる干渉であり（たとえば「註解日本国憲法」五五五頁参照）、もしそれが形式的に解釈・適用されて憲法上保障されている団結権・団体行動権を不当に制限することになるとすれば、明らかに不当であり違憲である。従って判例もこの規定の形式的適用を避け、実質的に判断しようとしているようである。たとえば次のような判例があるが、いずれも妥当である。

【24】「労働組合法上協約能力を有する組合は、同法第二条、本文の要件を具備する組合であれば足ると解すべきであるから右要件を具備する限り、同条但書第一、二号に該当するとしても……このことから直ちにその組合の協約能力を否定すべきではなく、要は同条本文所定の自主性の有無如何によって決定すべきものである。しかして本件組合においては、会計、庶務（人事に関する職務を包含する）を担当する者及び倉庫、資材、調度の事務を担当する者の参加を許して居り（これ等の者が同法第二条第一号所定の監督的地位にある労働者ないし使用者の利益を代表する者と認むべきか否かの判断はしばらく措く）又会社が組合業務専従者の給与を支払っていた等の事実が存するが、右組合が同法第二条本文にいわゆる『労働者が主体となって自主的に労働条件の維持改善その他経済的地位の向上を図ることを主たる目的として組織する団体』であることは組合の従前の行動に照し極めて明らかであるから、本件組合は協約能力を有することは勿論であり、本件労働協約は有効に成立したものと認むべきである」（高岳製作所仮処分事件、東京地判昭二五・一二・二三労民集一・五65）。

【25】「被申請会社は、組合が改正労組法第二条但書第一号に該当する使用者の利益代表者の参加を許す組合であるから、同法第七条の不当労働行為は成立する余地がないと主張するけれども、同法第七条にいわゆる労働組合とは同法第二条本文にいう労働組合で足りるから、右主張はそれ自体失当であって、採用できない」(日本冷蔵仙台支社仮分事件、仙台地判昭二五・五・二二労民集一・三30)。

(注)　ただし、実際に不当労働行為の救済を受ける場合には、労働組合の名において申立てをすることができないことになっているから、組合員の代表者が申立てることになる。

三　団体行動権行使行為の正当性

労働者には団体交渉権およびその他の団体行動権(主として争議権)が保障されているのであるから、その権利を行使する行為からは、原則として民事・刑事の有責が生じないことは当然であるが、しかし、もちろんいかなる行為をしても違法とならないわけではなく、その行為には一定の限界がある。そこで、団体交渉行為の限界の問題や、いわゆる争議行為の正当性の問題が生ずる。この問題については後に財産権との関係のところでもふれるが、その詳細はもとより労働法学の研究に委ねられるべきであるから、ここでは行為の目的の問題と暴力の行使の問題に関する若干の判例について考察するにとどめておく。

(一)　団体行動の目的は労働条件の維持改善その他労働者の地位の向上のためでなければならないから、その本来の目的を甚だしく逸脱した団体行動は正当なものとはいえない。しかし本来の目的といっても、元来経済と政治その他とは必らずしも明確に切り離せるものではないし、また経済的目的を主としている場合にも、その副次的な目的として、政治的その他の目的を伴う場合があるから、それらの目的をかかげているからといって直ちにその団体行動が不当とされるわけではない。かような問題にふれている判例としては次のようなものがある。

【26】「所長の追放を主張して労働争議をなす場合においても、それが専ら同所長の追放自体を直接の目的とするものではなく、労働者の労働条件の維持改善その他経済的地位の向上を図るための必要な手段としてこれらを主張する場合には、かかる行為は必らずしも労働組合運動として正当な範囲を逸脱するものということを得ないものと解すべきである」（大浜炭鉱大浜工業所事件（前記〔17〕と同事件）、最判二小昭二四・四・二三刑集三・五・五九八 刑資26四二五）。

【27】「労働条件の向上を図ることを第一義としてなされる争議行為はたとえ副次的になおこれと関連ある政治的主張の貫徹にむけられたとしてもこれをもって不当な争議行為ということはできない。……各指令によればスト禁法案の撤回を強く主張しているけれどもその所以は政府が当時同法案の国会通過をはかっていたので電産としては各電力会社があく迄も電産との統一労働協約を廃し、企業別労働協約の締結をはかるのはかかる政治情勢に便乗するものとし、統一労働協約を締結せんがためには、スト禁法案の阻止を図る必要があるものと考え、この趣旨を各指令に於て強調し、その事情を一般労組員に徹底させその政治的啓蒙をはかろうとした副次的なものと認められ、右各指令がスト禁法案の撤回を主張しているという一事から直ちに、本件電産のストが所謂スト禁法案反対を第一目的とした違法政治ストとはいうことは到底できない」（電産夷川事件、京都地判昭三二・二・四別句報273）。

これらの判決はいずれも、問題を実質的に判断したもので、妥当と思われるが、次の判決は甚だ形式的にすぎる判断であって不当である。

【28】（事実）　現場の一〇項目の要求に地労委の労働者側委員の委嘱問題を加えて電源ストを行った。

（判旨）「公益事業に於ては……その争議行為は特に慎重を要し、寧ろ、特定の要件を具備した場合以外は原則としてこれを禁止さるべきものと言わなければならず、労働関係調整法第三十七条はこの趣旨に於て理解されなければならない。即ち労働委員会の調停に適しない政治的主張を目的とするが如き争議行為は右同条の禁ずるところ」である。（電産猪苗代分会事件、福島地判昭二四・二・七刑資48三二八）。

（注）この事件は電気事業法および労調法違反として有罪とされたのであるが、労調法三七条はその後改正されて予告制度に改められ、さらにその後スト規制法（昭和二十八年）ができたので、以後はスト規制法が問題になることになる。しかしそれについてはまだ判例がでていない。

（二）いうまでもなく、団体行動権の行使に際しても不当に暴力を行使するような行為は許されない。旧労組法一条二項には現行労組法一条二項但し書のように暴力の行使に関する規定はなかったが、このことは当然のこととして認められていた。これに関し最高裁は次のように判決していた。

【29】「所論の労働組合法第一条第二項においても労働組合の団体交渉その他の行為について無条件に刑法第三五条の適用があることを規定しているのではないのであって、唯、労働組合法制定の目的達成のために、すなわち、団結権の保障及び団体交渉権の保護助成によって労働者の地位の向上を図り経済の興隆に寄与せんがために、為した正当な行為についてのみこれが適用を認めているに過ぎないのである。従って勤労者の団体交渉においても、刑法所定の暴行罪又は脅迫罪に該当する行為が行われた場合、常に必ず同法第三五条の適用があり、かかる行為のすべてが正当化せられるものと解することはできないのである」（板橋造兵廠食糧デモ事件（前記〔6〕と同事件）、最判大法廷昭二四・五・一八刑集三・六・七七二）。

もちろん、この判決は暴力の行使が行われた場合の刑法三五条の適用を全面的に否定したものではなく、ただ、暴力の行使の程度によっては、刑法三五条が適用されないことがあると述べているにすぎず、その意味では当然の判決である。ところが最高裁はその後この判例を援用しながら、しかもその趣旨を拡張し、およそ法に規定された「暴力」の行使にあたる場合には、常に刑法三五条の適用が否定されるとしている。たとえば次のような判決がある。

【30】（事実）争議中、会社は始め組合員大衆の前での団体交渉を拒否していたが、大衆の勢いにおされ、また組合幹部も大衆の勢いを制止することができず、ただ暴行を警戒するの他ない状況であったため、ついに構内青年学校講堂で公開交渉が行われた。交渉は二六時間睡眠もとらずに行われたが、その間帰ろうとした所長などに対して、壇を下れば生命を保障しないなどというものもあった。

（判旨）「旧労組法一条二項の規定は、勤労者の団体交渉においても、刑法所定の暴行罪又は脅迫罪にあたる行為が行われた場合にまでその適用あることを定めたものでないことは、既に当裁判所大法廷の判例とするところであるから……原判決が被告人等の判旨行為を暴力行為等処罰に関する法律一条一項刑法二二二条一項に当るものとして有罪としたがその犯情において……同情すべきものとして量刑した上刑の執行猶予としたのは正当といわなければならない」（日鉄輪西製作所事件、最判一小昭二五・七・六刑資55・一二八）（同旨判決。東京日本電線事件、最判二小昭二九・八・二〇刑集八・八・一二七七刑資102二〇）

しかし、かように労働者の団体行動に「暴力」の行使が行われる限り、常に刑法三五条の適用が否定されるとする判例の態度は甚だ不当であって、諸氏も主張されているように（たとえば伊達秋雄「争議行為としての『暴力の行使』と刑法第三五条」ジュリスト53号、宮島尚史「日本に於ける争議権の構成について」季刊労働法15号、宮内裕「労組法一条二項における『暴力』について」講座労働問題と労働法三巻）、労働者の団体行動に際しては、たとえ市民刑法的関係においては暴行罪や脅迫罪にあたる行為であっても、団体交渉あるいは労働争議という実力闘争の場において常態を逸脱しないと認められる程度の行為は、違法にならないものとして考えられねばならない。その意味で、控訴審において破棄されたが、次にかかげるこの事件の第一審判決の態度が妥当である。

【31】「被告人等には……所長……部長を本部事務所から青年学校講堂に暴行脅迫を以って不法に拉致する犯意も、同講堂に於ても同人等を監禁し或は脅迫する犯意があったとは認めるに足る証拠なく、被告人等の行為は批難の余地がないではないが……労働組合の団体交渉其の他の行為にして正当なものの範囲を超えないものと認むべきで、犯罪を以て論ずることはできない」（札幌地判昭二三・一一・二四刑資48三八五）。

二　労働者の権利と財産権

憲法は二五条ですべての国民に対して生存権を保障し、そのための具体的手段として、労働者に対しては二七条および二八条によって労働権と団結権・団体行動権を保障し、他方有産者に対しては二九条によって財産権を保障している。もちろん、労働者の権利の保障はそれだけ財産権の制限になるわけであり、その意味でも財産権はもはやかつての如く神聖不可侵のものではありえないが、しかも財産権の保障は一応資本主義制度の維持を意味し、労働者の権利もさような基礎に立脚しているわけである。そこでかような労働者の権利と財産権との関係、すなわち労働者の権利の行使はいかなる程度まで財産権を制限しうるか（いうまでもなく、この問題は前述の正当性の限界の問題でもある）、また使用者は労働者に対していかなる程度に財産権を主張しうるかが問題になる。ここではこの問題に関して、生産管理・（ピケッティングの一種としての）出荷阻止、ロック・アウト、使用者の解雇の自由に関する判例をとりあげて、この問題に対する裁判所の態度を概観することにする。

一　生産管理

(一)　生産管理は、主として終戦後のインフレーションの下で昭和二三年中頃まで行われ、生産の減退、特に使用者側の生産サボのために、ストライキが使用者に打撃を与えることができなかった当時の状況において、労働者が使用者の指揮命令を排除して生産に従事し、そのことによって生活を維持するという特殊な争議手段であったが、使用者の財産権を侵害するという点で、合法か違法かが問題とされた。この問題に対する最高裁の最初の判決は次のようなものであった。

【32】(事実)　被告らは生産管理によって製品を製作し、その売却代金を闘争中の賃金にあてた。また組合の賃金支払資金にあてるため遊休資材である鉄板を売却したが、この鉄板売却行為が窃盗罪として訴追された。

(判旨)　「憲法は勤労者に対して団結権・団体交渉権その他の団体行動権を保障すると共に、すべての国民に対して平等権、自由権、財産権等の基本的人権を保障しているのであって、是等諸々の基本的人権が労働者の争議権の無制限な行使の前に悉く排除されることを認めているのでもなく、後者が前者に対して絶対的優位を有することを認めているのでもない。寧ろこれ等諸々の一般的基本的人権と労働者の権利との調和をこそ期待しているのであって、この調和を破らないことが、即ち争議権の正当性の限界である。その調和点を何処に求めるべきかは、法律制度の精神を全般的に考察して決すべきである。固より使用者側の自由権や財産権と雖も絶対無制限ではなく、労働者の団体行動権等のためある程度の制限を受けるのは当然であるが、原判決の判示する程度に使用者側の自由意思を抑圧し、財産に対する支配を阻止することは許さるべきでないと認められる。それは労働者側の争議権を偏重して、使用者側の権利を不当に侵害し、法が求める調和を破るものだからである」。

「論旨は、生産管理が同盟罷業と性質を異にするものでないということを理由として、生産管理も同盟罷業と同様に違法性を阻却される争議行為であると主張する。しかしわが国現行の法律秩序は私有財産制度を基幹として成り立っており、企業の利益と損失とは資本家に帰する。従って企業の経営、生産行程の指揮命令は、資本家又はその代理人たる経営担当者の権限に属する。従って労働者側が企業者側の私有財産の基幹を揺がすような争議手段は許されない。なるほど同盟罷業も財産権の侵害を生ずるけれども、それは労働力の給付が債務不履行となるに過ぎない。然るに本件のようないわゆる生産管理に於ては、企業経営の権能を権利者の意思を排除して非権利者が行うのである。それ故に同盟罷業も生産管理も財産権の侵害である点において同様であるからとて、その相違点を無視するわけにはゆかない。前者において違法性が阻却されるからとて、後者においてもそうだという理由はない。

本件のいわゆる生産管理は生産サボの際行われたものでないことは原判決の認めているところであるから、生産サボの場合に生産管理が正当と認められるか否かは本件に関係なきことである」（山田鋼業所事件、最判大法廷昭二五・一一・一五刑集四・一一・二二五七）。

いうまでもなくこの判決の根本的立場は、私有財産制度の基幹を揺がすような争議行為は許されないとする点にあるが、しかし生産管理の程度や生産サボのなかったことを考慮しているのであるから、一般にすべての生産管理を違法とするのではなく、事情の如何によっては生産管理も合法でありうるように見える。そして、次の判決も、問題はあるが、まだこれと同様な立場に止っているといいうる。

【33】「本件生産管理の適否について考察するに、かりに当時の、会社側の経営状態及び本件争議に対処した会社の態度並びに従業員側の状況がそれぞれ原判示のとおりであって会社側に非難に値いする仕打ちがあり、従業員側にむしろ同情すべき事情があったとしても、本件の如く、被告人等が会社側の意向を全然無

視し、強いて会社の建造物に立入ってこれを占拠し、他の従業員の就業を阻止し、あるいは会社所有の物品をほしいままに管理処分するが如き一連の行為は、当裁判所が先きに、……昭和二五年一一月一五日に言渡した判決の趣旨に徴し、到底適法な争議行為としてこれを容認するをえない」（理研小千谷工場事件、最判大法廷昭二六・七・一八刑集五・八・一四九一）

すなわちこの判決は、会社および従業員の状態を充分に考慮に入れていない点に根本的な問題はあるが、それでもまだ、次の判決のように、すべての生産管理を違法としているのではないといえよう。

【34】「経営権と労働権との対等を保障しているわが国現行の法律秩序からすれば、両者の間に労働協約による特別の定めがない限り、企業の経営、生産行程の指揮命令は資本家又はその代理人たる経営担当者の権限に属するものであるから、同盟罷業が有効でないからといって（原判決は所論のいわゆる生産サボという事実を認めていないばかりでなく）事情の如何にかかわらず、使用者側に専属する生産手段の管理を排除して、それを組合側の実力支配の下におくことは、いわゆる生産管理等その名目の如何にかかわらず争議行為の適法性の限界を越えたものであることは、……当裁判所判例の説示するところである」。「されば原判決が認定した程度に会社側に属する生産手段の支配を排除した被告人等の判示行為は正当な争議行為ということはできないことは明白」（愛光堂印刷事件、最判二小昭二七・二・二二刑集六・二・二八八）。

すなわちこの判決は前記【32】の判決を援用し、しかもそれを一般化し「事情の如何にかかわらず」（ただし括弧内の文章は問題になる）生産管理は違法であるとしている。そしてこの判決、またこの判決で援用された意味での【32】の判決は、そこに現われている争議行為の正当性に関する見解が、その後の各種争議行為の正当性を判断する上に大きな影響を与えている点で、甚だ重要な意味をもっている。

しかしこれらの判決（特に【34】）は、実は、争議行為として生産管理が行われるに至った事情を無視あるいは軽視して、形式的に財産権を侵害する行為として違法としている点で、そもそも生産管理の争議行為としての特殊・緊急性を理解せず、またその点で労働者の争議権そのものの理解を欠いているといわねばならない。何故なら、いうまでもなく争議権の行使は単なる財産権の侵害行為ではなく、労働者の生存権実現のための手段として保障されているのであり、従って財産権に勝るとも劣らず尊重されなければならないからである。もちろんいかに争議権を尊重するといっても、たとえば使用者の指揮命令を永久に排除して生産手段を占有したり、あるいはまた従来の経営方針を全く無視するような手段をとることは正当とはいえないであろう。しかし、元来生産管理は、その性質上一時的な争議手段であり、また特殊・緊急な場合の争議手段である。また従来の経営方針を尊重してなされることもありうる。従ってかような争議手段については、形式的に私有財産制度との関係で判断すべきではなく、その具体的特殊性との関連で判断せねばならない。さもなければ、財産権を尊重するの余り、労働者の争議権を不当に侵害することになろう。

（二）　ところで下級審の判例には、かような生産管理の特殊性に基いて、生産管理を合法としているものがある。たとえば次の判決は生産管理の行われるに至った事情を正しく理解し判断している。

【35】（事実）　会社は賃上紛争中、工場を閉鎖して組合員の一斉解雇を通告した。組合はこれに対抗して生産管理に入り、会社の機械、原料、資材を使用して生産を行い、製品を売却した。

（判旨）　「世上いはゆる生産管理は終戦後我が国経済界のインフレーションの昂進に伴ひ、労働者は実質賃金の低落により極度の生活不安に脅され、賃上により辛じて生計の破綻を支へて来たのに反し、企業家は生産復興が戦後経済の至上命令であるにもかかわらずやゝもすればインフレーションによる生産資材の価格の高騰を待機し、生産サボタージュに傾かうとしてをり、労働者が同盟罷業又は怠業を行っても徒に賃金不払を誘致し、労働者の生活を更に窮地に追込み却って企業家の生産サボタージュを正当化する口実を与ふる結果を招来し、争議手段として全然無力であり、若し他に適当な争議手段を認めないならば労働者の争議権は有名無実の空器と化し、争議権の剝奪又は行使禁止に等しい結果になるといふ、戦後経済の特殊な条件の下に止むを得ない争議手段として発生したものである。すなはち生産管理はかかる労働争議の緊急状態に於ける労働者の緊急行為としての争議権の行使であって、これは労働者の争議権を確認し、且労働争議に於ける双方当事者の対等を要求する労働組合法の精神に合致するものと認むべきであって、(イ)労働者が他に争議手段を有せず、しかも争議を行はねばならぬといふ緊急状態に於て、争議目的達成の為め一時的に認められる補充的手段であること(ロ)労働者が善良な管理者の注意を以てその占有する工場機械原料資材等を管理し、経営者の有すべき合理的経営方針に準拠して生産、販売、経理、出納を行ふことを条件として適法と認むべきである。……本件業務管理は前記の要件(イ)(ロ)を具備しているから適法と認むべきである」(大和製鋼事件、大阪地判昭二二・三・一・二八刑資10五一六)。

(注)　ただし裁判所はこの生産管理が適法の限界をこえるおそれもあるとして法定管理を命じた。

この他前記【32】事件の第一審判決は

【36】　「労働者が争議解決のため企業の物的設備を一時自己の手におさめ、使用者側の支配を排除するも、それはすでに一般私法規律を超えた労働法の立場により判断すべき現象で、……労働者が使用者側の意思に反し企業を占有することをもって、直ちにその占有権ないし所有権及びこれに基く経営権を侵害するものとは見做し難く……生産管理自体は適法な争議行為といわねばならぬ」(大阪地判昭二二・一一・二二刑資10一〇八)。

とし、同控訴審判決も、

【37】使用者の生産サボの場合には「使用者側に於て既にその企業経営に対し多くの魅力や執着を感じない状態にあり、労働者が生産管理の挙に出たとしても使用者の自由な意思を剝奪し、又は極度に抑圧され《(ママ)》るような点がないから、かかる特別の場合に限り生産管理は正当な争議行為といい得る」（大阪高判昭二三・五・二九刑資10一一五）。

とし、また前記【33】事件の控訴審判決も

【38】「被告人等……が自己の主張を貫徹せんがため争議の手段として生産管理の挙に出たことは、これをおいて他に実効ある争議行為を期待し難い当時の客観的情況からみて洵に已むを得なかったところである」（東京高判昭二四・一〇・三一刑資48二七刑集二・三）。

としているのであって、いずれにせよ、単に形式論によって解決しようとする最高裁の態度は甚だ不当であるといわねばならない。

二　出荷阻止

出荷阻止はいわゆるピケッティングの一種であるが、物品の搬出の阻止を直接の目的とする点で、人の阻止を目的とする通常のピケッティングと異っている。元来ストライキは労働者が自己の賃金を犠牲にしながら同時に使用者にも損失を与えることによって、要求を承認させようとする手段であるが、その場合、もし在庫製品があってその出荷・販売が行われるとすれば、使用者の打撃は少なくなるから、ストライキの効果は甚だしく減退する。そこで出荷阻止が重要な意義をもつことになるが、それは他面、使用者側の財産権の行使に対する妨害行為であるから、その意味で争議権と財産権との

関係についての一つの焦点である。ここでは等しく炭坑の争議に関係している二・三の事例によって、判例の態度をうかがうことにする。

(一)　次の事件はかような出荷阻止が第一審から上告審に至るまで無罪とされた点で重要な事例である。以下第一審からの判決を順次にかかげる。

【39】　(事実)　組合がストライキに入ったが、その後経営者側に縁故のある者が生産同志会を結成し、ストライキから脱退して生産業務に従事した。同志会の一人がガソリン車を運転し送炭しようとしたので、同志会を裏切人として憤慨していた被告人は他の組合員と共にガソリン車の前方に坐りこみ、「ここを通るなら自分達を轢き殺して通れ」と怒号し、送炭を断念させた。

(判旨)　「一旦争議に同調した以上之を裏切ると言うことは、多数決の秩序を無意味に混乱に陥れるのみで組合の自主性と健全な発展にとって全く好ましからざる行為であるばかりでなく、延ては一般的に言って組合の正当な争議権を不当に侵害する結果を招来するのであるから、組合の団結権、団体交渉権を保護助成する労働組合法立法の精神に照し、生産同志会の行為は本件争議権に対する一方的な侵害行為と見る外はなく、之を組合が本件の如く座込戦術を用いて生産同志会の就業を阻止した程度に止まる行為に付ては争議行為の正当な範囲に属するものと判断する」(三友炭鉱事件、福岡地飯塚支判昭二三・三・二二刑資10一七一)。

【40】　(組合がストに突入せざるをえない理由があったこと、組合員が生産同志会の行為に極度に憤慨し、その対策に腐心していたこと、同志会員が組合員多数が幹部の報告を聴いている広場の横で炭車を運転しようとしたので、「前述の経緯から昂奮状態にあった組合員中、多数の婦人並に二・三名の男子が生産同志会員に対する憤慨の余り、右ガソリン車の前方線路上に或は横臥し、或は坐り込み、若しくは立塞がって、その運行を阻止するの挙に出た」こと、「偶々」「報告を聴く為、右広場に来合せた被告人」が、組合長の指揮

に従って、「婦人連中の仲間に参加して」前記の如く怒号したということ等を認定した後）「以上縷々説述した事情を考慮し、右の如き雰囲気の下に発生した被告人の行為を判断するに、かかる主観的、客観的条件の下に被告人に対し、右の如き所為に出でないことを期待することは、一般的通念よりして可能なりとは認め難く、従ってその所為について被告人に対しその責任を追求し、罪責を負わしめるのは条理上正当なりと言い得ないので、被告人の右所為が他の婦人達の所為と相俟って右……等の業務、進んでは経営者……の業務を妨害するの結果を惹起して居ても、その所為に対する責任を阻却するものとして被告人に対し無罪の裁判をするのを相当と認め」る。（同控訴事件、福岡高判昭二四・三・一七刑資48二二五）。

【41】「組合が争議権を行使して罷業を実施中、所属組合員の一部が罷業から脱退して生産業務に従事した場合においては、組合（従って組合役員ならびにその意思に従った組合員）は、かかる就業者に対して口頭又は文書による平和的説得の方法で就業中止を要求し得ることはいうまでもないが、これらの者に対して暴行、脅迫もしくは威力をもって就業を中止させることは、一般的には違法であると解すべきである。しかしこのような就業を中止させる行為が違法と認められるかどうかは正当な同盟罷業その他の争議行為が実施されるに際しては特に諸般の情況を考慮して慎重に判断されなければならないことというまでもない」。「経過から考えて見ると被告人の判示行為はいわば同組合内部の出来事であり、しかもすでに多数組合員が……炭車運転行為を阻止している際、あとからこれに参加して炭車の前方線路上に赴き判示のように怒号し炭車の運転を妨害したというに止るのであるから、かかる情況のもとに行われた被告人の判示行為は、いまだ違法に刑法二三四条にいう威力を用いて人の業務を妨害したものというに足りず、それゆえ被告人の行為について罪責なしとして無罪の言渡をした原判決は、結局において正当である」（同上告事件、最判三小昭三一・一二・一一刑集一〇・一二・一六〇五別旬報259）。

これらの判決のうち、第一審判決は焦点を出荷阻止よりもむしろ裏切行為者に対する就業阻止においており、業務妨害罪の問題には全くふれていない。また控訴審判決は一応この出荷阻止の違法性を前提としながら、しかもいわゆる期待可能性の理論に基いて責任を阻却していて、その意味では注目すべき判決であるが、しかしその前提となっている業務妨害罪の成立についてはほとんど述べていない。その点最高裁の判決は一応問題点にふれた上で、「特に諸般の事情を考慮して慎重に判断」して違法性を否定しており、その意味ではもっとも妥当と思われるが、しかしこの判決は、その根本的立場がいわゆる平和的説得論に立脚している点で、やはり妥当とはいえない。何故なら、出荷阻止の場合を含めて一般にピケッティングに際して、原則として平和的説得、すなわち単なる言論の自由のみが許されるとする立場は、労使の攻防の場としての労働争議の問題を、通常の市民間の関係と同様な見地に立って判断しようとする不当に形式的な立場であるからである。結局、この判決は次にあげる垂水裁判官の補足意見が指摘しているような本事件の特殊性、特に被告人の行為の軽微さに基いて無罪としているのであるといえよう。

（垂水裁判官補足意見）「罷業派組合員……所為はそれが本判決……に摘示した原判決のような情況のもとに行われた場合においては、いまだ違法に刑法二三四条にいう威力を用いて人の業務を妨害したものということができないと考えられる。その主な理由は、右所為は同盟罷業中の組合員が同じ事業場の仲間組合員に対してなしたものであり、かつ、被告人の軌道上に赴いてからの右所為は極めて短時間の間に行われたという原判決の認定と解することができ、結局軽微のものとみられるからである」

（注）　なおこの補足意見は、期待可能性の理論について「本判決は左様な考え方の理論の上に立つものでないと私は解する」としている。

（二）　ところで、次の事件は第一審の無罪判決が上級審で否定された事例である。以下第一審と控訴審の判決をかかげる。

【42】（事実）　会社は「会社は組合の行う争議行為に対し、組合員以外の者を雇傭し、不当な妨害行為を行わない」旨のスキャップ禁止協定に違反して、各部課長を主とする非組合員によって送炭を計画し、貨車三輛により出炭し、更に翌日貨車二輛に石炭を積み送炭の手筈をととのえた。これに対し組合は貨車の開閉弁を開いて石炭を落下させ、送炭を阻止した。

（判旨）　「被告人等の本件貨車開閉弁解放による送炭阻止行為も……組合の意志に基づくか乃至はその承認の下になされたものであって、而も該行為が会社の労働協約……違反に対して緊急やむを得ずしてとられた対策としての措置であり、その実施に際し、労働組合法第一条第二項に云うところの暴力の行使とみるべき程度の行為に出ず、また、石炭の廃棄損耗もないのであるから、会社並に一般社会に対しても最も損害少く影響も殆んどない方法が採られたものと判定を下すことができる。思うに、労働組合のなす争議行為の態様なるものは、使用者の施す対抗策との折衝面に於て相対的に流動してこれに対応せんとするものであるからこの具体的な態様を無視して、常に固定的に争議行為の手段方法の正当性の範囲を限ろうとする考え方は、往々労働組合の側にのみ不利益を強いる結果となり、労働組合法第一条第一項に明定する斯法の根本理念であり、且つ基本的な目的である労使対等の立場を失わしめ労働組合の団結権を不当に圧迫するおそれが多分にあると云わねばならない。この見解に立つとき被告人等の本件行為は、結局に於て未だ争議権行使の正当性の範囲を逸脱してはいないものであると判断することはまことに当然である」（古河雨竜炭坑事件、旭川地判昭二九・六・一一別句報169判時33）。

【43】「争議中におけるスキャップ禁止が協定されている場合……会社側が右協定違反を避ける趣旨を以て新に雇傭された非組合員でないとしてその部課長をして争議中の組合員に代置せしめることは、この範囲においては部課長がもはや部課長たることを止めて新たな労働者となったものとみなされないでもない」。

「会社側は本社からの送炭要請に強く支配されて、敢えて送炭をしようとしたのに対し、被告人等は本件争議行為の目的達成の一環として右送炭阻止のために本件行為に出たことはこれをうかがうに十分であり、出荷を阻止すること自体は争議権の行使として、適法に行うことができるものといわなければならない。このことは送炭禁止の協定の有無により差異あるものではない」。「しかしその手段は無制限に許容さるべきものではなく、たとえその出炭が協約に反する場合といえども、いわゆる平和的説得ないし静止的、受動的実力行使の範囲にとどまるべきであって、かかる手段では応じないからといって本件のようにすでに積載し終って送炭準備を完了している石炭専用貨車の開閉弁を開放することによって、その石炭を線路上に落下放散させ終局的に出荷を阻止することは、右範囲を超えた積極的実力行使にほかならないから、もはや正当な争議権の行使とはいい得ない。このことは出荷自体につき会社側に前記協約違反があり、したがってそれが正常の義務に属するか否かによって消長をきたすものではないと解すべきである。更にまた会社側においては、石炭専用貨車一七輛……の送炭計画にもとづき、すでに三輛の出炭を了した際、組合側の要求を諒として、うち一二輛についての送炭は抛棄し、残り二輛だけについては一部積載もしている行きがかり上その送炭の諒解を組合側に求め、組合側としてもこれを必らずしも絶対的に拒否したものではなく、その交渉の段階においていわば双方の面子だけで早急に妥結する機会を失ったにすぎず、しかもこの程度の送炭に止まるのであれば敢えて本件行為に出なくても、本件争議行為全体の性格から見て、必らずしも重大な影響を受けるものではないと認められなくはないし、これを阻止するにしても、なお右行為以外の方法による余地が他になかったと認めるに足る事情も存しないことがうかがえる」（従って違法である）（同控訴事件、札幌高判昭三一・四・二六判時86別旬報242）。

（注）　この【43】判決は上告審でそのまま支持された。（最判一小昭三二・二・二一刑集一一・二・八七七）。

右のうち控訴審の判決は、非組合員である部課長等の使用もスキャップ禁止協定にふれるとしている点や、さような禁止協定がなくても出荷阻止は許されるとする点、さらに、いわゆる平和的説得のみならず静止的、受動的実力行使をも認めている点など、出荷阻止の重要性は充分に認めているといってもよかろうが、しかも、この場合の出荷阻止を積極的実力行使に当るものとして、会社の協約違反にもかかわらず、違法としている。しかしかかる結論は甚だ不当である。何故なら、まず、ここで説かれた「静止的、受動的実力行使」とは果してどの程度のことか明らかでないという点はとにかくとしても、会社の協約違反がこの場合の判断に何ら関係しないとすることは甚だ不当である。いうまでもなく、かような協定がある場合には、会社はそれに違反しない義務を負っているのであって、そのことは、決して、協定がない場合と同一に論ぜられない。しかも、かかる会社の義務違反の結果として、労組のストライキの効果は大いに減殺され、そのことから争議が敗北に導びかれることもあるのである。それこそスキャップ禁止協定が特に締結された理由であろう。従ってかような場合、組合としては、とにかく、かような出荷を阻止し、そのことによって争議を防衛しようとするのは当然であり、またその手段が協定違反の出荷（協定が守られることを予期している組合にとっては、十分の対策が用意されていないことを意味しよう）に対して多少程度を越えるとしても当然であろう。さらに、この判決は「この程度の出炭」は必らずしも重大な影響を与えないとするのであるが、もしそう言えるとすれば、そのことはまた会社側に対しても言えることであり、あえて協定を破って業務を行う必要もなかったことになる。それに、石炭の損耗もなく「落下した石炭は会社で回収し、これを燃料として配給している」（一、二審証言、上告論旨に引用）のであり、またその後出荷する予定はなかったのであるから、実質的な業務妨害行為は甚だ僅少であって、それこそ「面子」の問題にすぎないといえよう。以上要するに、この判決は組合の行為を不当に重大視すぎて、信義に反した会社の業務遂行の防衛の側にかたより、労働者の争議権を不当に圧迫しているといわねばならない。これに反して第一審の判決は労働争議の観点においても、また事実の認定においても甚だ妥当なものといえるであろう。

(三)　なお次に第一審から上告審まですべて違法とされた事例について最高裁の判決をあげるが、この事件についてはもはや詳論せず、ただ判断が甚だ形式的であるというに止めておく。要するに、出荷阻止がこの程度に達すると、もはや正当な争議行為として認められていないわけである。

【44】（事実）　争議中組合から脱退者が出て業務に従事したので罷業派と脱退派が反目していたが、罷業派は坑口にピケラインをはり、軌道上に坐り込んで電車の運行を阻止し、出炭を妨害した。妨害時間は第一日約六時間、第二日約一五時間、第三日約六時間であった。

（判旨）　（同盟罷業に対し）「使用者側がその対抗手段の一種として自らなさんとする業務の遂行行為に対し暴行脅迫をもってこれを妨害するがごとき行為はもちろん、不法に、使用者の自由意思を抑圧し或はその財産に対する支配を阻止するような行為をすることは許されないものといわなければならない……。されば労働争議に際し、使用者側の遂行しようとする業務行為を阻止するため執られた労働者側の威力行使の手段が、諸般の事情からみて正当な範囲を逸脱したものと認められる場合には刑法上の威力による業務妨害罪の成立を妨げるものではない。……被告人……等は、罷業決行派の者と共に同会社の出炭業務を不能ならしめようとし、……三日長時間にわたり、一〇〇余名の者と共に電車軌道上およびその付近に座り込み又は立塞り或はスクラムを組み且つ労働歌を高唱する等の挙に出て、同会社電車運転手……の運転する電車の運行を阻止し威力を用いて同会社の出炭業務を妨害した」。「以上諸般の事情を総合すれば、本件行為は正当なものとは認められず、不法に威力を用いて会社の業務を妨害したものというほかないのである」（羽幌炭鉱鉄道築別鉱業所事件、最判大法廷昭三三・五・二八判時150）。

（注）　この判決に対する批評としては、たとえば判例評論一四号の沼田氏の論評がある。

三　ロック・アウト

ロック・アウトは労働者の争議行為に対する使用者の対抗手段の一つとして、一時的に作業所を閉鎖して労務の提供を拒否する行為であって、かような権利を否定する見解もある（たとえば宮島尚史他「働らくものの法律」七〇〜七二頁）が、一般には使用者の争議手段として認められている（たとえば沼田稲次郎「団結権擁護論」七二頁以下参照）。しかしそれが、労働者の権利との関連で、どの程度まで認められるべきかについては学説も判例もまだ一致していない。ここではかようなロック・アウトについて、その正当性の限界の問題と閉鎖中の賃金支払義務有無の問題をとって、判例の大体の傾向をうかがうことにする。

（一）　ロック・アウトは労働者の争議行為に対する対抗手段であるから、労働者側に争議行為がある場合、あるいはこれと同視しうる状態がある場合でない限りはなすことはできない。即ちロック・アウトは防衛的なものに限り正当と見做される。少くともかような点までは学説も大体一致（反対説。たとえば吾妻光俊「労働法」法律学演習講座、九八頁は攻撃的なものをも認める）しているようであり、判例の立場も大体かような傾向にあるといってもよいであろう。もっとも防衛的といっても、果していかなる程度のものが防衛的と見做されるかについての判断は一様ではない。たとえば次の二つの判例の立場は甚だしく異っている。

【45】「元来、工場閉鎖……は、労働者に争議権が認められているのに対応して、使用者に認められた争

議行為であって、企業または事業の存立ないし工場施設等の安全を危殆ならしめ使用者に著しい損害を及ぼすべき労働者の争議行為が現存し、あるいは右のごとき争議行為の危険が明白である場合その他緊急已むを得ない事由の存する場合にはじめて許されるものであるから、使用者はもとよりこれを濫用することを許されぬところであり、したがって使用者が何らの利益乃至必要も存しないにもかかわらずこれを行ったりなどするごとく社会観念上容認しえないような事情の存するときには、その工場閉鎖は違法であるといわねばならない」。「本件についてみるに、……組合が会社の禁止命令を無視して操業の一部を開始し、かつ擅に会社の材料倉庫の施錠を外して部品等を搬出しはじめた後にあってはすでに適法な争議権行使の限界を超え違法性を帯びるにいたったものと認められる。……本件工場閉鎖はまさに右のごとき違法な争議行為に対抗し、事業の存立および工場施設等の安全を図り、かつ会社の蒙るべき著しい損害を避けるため、やむを得ずしてなされた措置であると解せられそのほかに争議権の濫用と認むべき点はないから、右閉鎖は会社の正当な争議行為というべきである」（日本自動車事件、横浜地判昭二九・八・一〇労民集五・四333）。

【46】（事実）連合会の指令で組合はストを一旦中止した後、再び単独ストに突入、このスト中止後就労を申出たのに対し、再ストの恐れがありとして工場を閉鎖した。

（判旨）「組合が就労すると言うも使用者としては組合が真実ストは勿論サボ行為をも中止して平常通り業務につき平和的な方法による団体交渉によって紛争を解決する意思があったかどうかに疑いを持つことは当時の情勢下に於て当然であるから争議はなお継続中であってこれに対抗するため被申請会社が為した工場閉鎖は適法であると言わざるを得ないロックアウトは使用者に許された唯一の争議手段であってその間労働者も賃金を失うが使用者側も資本を遊休せしめて資本が得られる利潤を失い多大の損失を覚悟せねば容易にこれを断行することはできないものであるから必ずしも申請人等の主張するが如く労働者の仕掛けた争議が急迫し尖鋭化した場合のみに限るべきものではなく労働者側の争議行為発生後は勿論場合によっては争議行

為の直前でその発生する虞のある状態においても許さるべきものと解することは労資対等の原則から当然の帰結である」（杵島炭鉱大鶴鉱業所事件、佐賀地判昭二五・五・三〇労民集一・三・27）。

すなわち前者【45】は防衛的の意味を比較的狭く解し、後者【46】は広く解している。もとより余りに広く解することは、事実上攻撃的ロック・アウトを認めるに等しく、従って労働者の争議権を不当に侵害することになるから許されず、その点【46】の判決には疑問がある。しかし、かような正当性の限界の問題は複雑であるから、ここでは深く立入らない。いずれにせよ、判例は大体妥当な傾向にあるようであり、一般的にいって、何らかの正当な理由を要求しているといってよいであろう。従って、少くとも、明らかに攻撃的なロック・アウトと認められるようなものは正当とされていない。たとえば次の判決はいずれも不当なロック・アウトと認定した例であり、いずれも妥当である。

【47】「被申請人は六月三〇日の解雇とともに圧延工場を閉鎖し、その後間もなく七月五日に第二組合が結成されるや同組合員に対しては直ちに同工場に就業せしめた上金の貸与を行う等右組合員を著しく優遇し、本件選定者等に対して差別待遇をしたこと、及びこのロックアウトを行わぬと工場の保全及び保安等に困難を生ずるような事情も存在しなかったことがそれぞれ認められる。

以上認定の一連の事実を総合して判断すれば、被申請人会社の右ロックアウトは組合の団結権を侵害する目的の下になされたものと認めるを相当とし、正当なものとはいえないから、これにより選定者等よりの労務の受領遅滞の責を免れることはできない」（中山鋼業事件、横浜地判昭二七・一二・二五労民集三・六・522）。

【48】（事実）会社は組合に対し経営難の打開策として、賃金引下げ等を申入れたが拒否されたので、さらに休業を申入れた。組合も休業手当の増額等を条件として休業を了承する旨回答したが、会社は誠意ある

回答を与えずにロック・アウトを実施した。

（判旨）「会社のロックアウトは……休業中になされるという異常事態の下でなされたものであって、しかも右休業が工場の永久的全面的閉鎖、従業員全員の永久的解雇に連繫発展する予定計画の線上でなされていることに鑑みると、もしこのロックアウトが正当なものとすれば、ロックアウトによって従業員こそ休業手当を失うこととなっても、すでに工場の永久的閉鎖を予定している会社は何んらの苦痛犠牲も感じないという妙な結果によって、ロックアウトによって労使のうけるべき利害は著しい均衡を失することになるのであり、……会社のかかるロックアウトは名をロックアウトに藉り従業員を苦しめ休業手当の支払を免れんとする違法の措置」である。（カルケット食品事件、大阪地判三〇・一二・一七労民集七・一8）。

【49】（事実）会社と組合との間には人事・賃金に関する同意約款があり、会社は人員整理・賃下げを提案したが組合の同意をえられなかったので、解雇通知を発すると共に工場閉鎖を行った。

（判旨）「被申請人が申請人に対してなした本件作業所閉鎖の通告は結局前記労働協約所定の解雇と賃金に関する条項の趣旨にもとり、被申請人が不当にこの解雇と賃下要求を貫徹せんとする争議行為で協約に伴ういわゆる平和義務に違反する不当な争議行為といわねばならない」（鉄道機器事件、東京地判昭二四・九・二九労民裁判集五113）。

（二）　ロック・アウト中の賃金については、判例の傾向は、正当なロック・アウトである限り、支払義務なしとしている。元来ロック・アウトが正当とされる理由は、それが労働者の争議行為に対する対抗手段であり、使用者にとっても利潤の喪失という犠牲を伴いながら、同時に賃金の支払を止めることによって労働者側に圧力を加え、争議を有利に導びこうとすることにあるのであるから、従ってロック・アウトが正当と認められる限り、賃金支払義務がないことは当然といえよう。もっとも、いうまでもないことだが、この問題は、いかなるロック・アウトを正当と認めるかの問題と関連している。

この問題に関する判例としては、たとえば次のようなものがある。

【50】「作業所閉鎖の場合における免責につき、現行法が如何なる見地に立つかを見るに……作業所閉鎖その他の使用者の争議行為については、労働者の争議行為につき規定されている債務不履行及び不法行為の免責による保護を認めない趣旨のものと解せざるを得ない。然しながら、受領遅滞の責任については……労働者は広く争議手段選択の自由を有するに反し、使用者がこれら労働者の争議行為に対して、終局的解雇或は緊急避難等によってやむを得ず行う作業所閉鎖のごとき一に一般私法上許された措置以外に、労働法上何等の対抗的措置をとることを許されないとすることは、一般私法と異る団体的関係である労使間の争議を規律する場合においては、衡平を欠くものと言わざるを得ないこと、また、労組法第一条において労使間の交渉において対等であることを示していることに鑑みるときは……労調法第七条は、作業所閉鎖をもって単に事実行為として指摘したに止まらず、これを同盟罷業その他の労働者の争議行為と同様に法律上の効果をもつ争議手段たることをも示したものと解せざるを得ない。かように作業所閉鎖を法律的にも効果を認められた争議手段と解する限り、その最小限の効果として少くとも受領遅滞の責任については、これを免除しているものと解せざるを得ない」(同和鉱業柵原鉱業事件、東京地判昭二六・八・七労民集二・三・255)。

【51】「作業所閉鎖はストライキと同様の結果を使用者からの働らきかけで招来せんとするもので、それは労働者の要求を圧えるため労働者に賃金を支払わないことによって圧迫を加える反面、使用者も経営の一時的停止もしくは減縮により甚大な損害を蒙ることを覚悟して行う争議行為であって、それが社会的に権利として認められている限りにおいて工場より閉め出された労働者に対し閉鎖期間中の賃金支払義務を負わないことは事理の当然」(宇部興産事件、山口地判昭二六・五・七労民集二・三・241)。

これらの判決は、事件も裁判所の態度も異っているが、いずれもロック・アウトを正当な権利行使と認めて、賃金支払義務を否定している。しかし、これに反して次の判決は、攻撃的ロック・アウトと認定して賃金支払義務を認めている一例である。

【52】（ロック・アウトが免責される争議行為であるという明文の規定はないから、具体的な場合に民法五三六条二項その他一般私法の原則によって考えるほかない。）「従って例えばロックアウトが緊急避難行為に該当しその他やむを得ない事由あるときは使用者の責に帰すべからざる事由による労務不受領と解すべきであるので使用者の雇傭する労働者の所属する労働団体が使用者に著しい損害を及ぼすべき争議行為に出ている場合、あるいはかかる争議行為に出ることが明白である場合等争議行為によって発生し、又は発生のおそれある著しい損害から企業を防禦する必要上緊急やむを得ないロックアウトの場合には使用者は労務提供をなした労働者に対する反対給付義務を免れ得るものと解するのを相当とする」。しかしこのロックアウトは積極的攻撃とストへの報復と認められる。「してみれば本件ロックアウトによる労務の受領拒否は使用者の責に帰すべき事由による履行不能といわざるを得ないから、ロックアウトの故をもって使用者は民法第五百三十六条第二項による労働者に対する反対給付支払義務を免れる理由とするに足りない」（駐留軍小倉補給廠事件、東京地判昭三二・一・一四労民集八・一・7）。

すなわちこの判決は、ロック・アウトについて現行法に明文の規定がないことに関連して、ロック・アウトの防衛的性格を狭く解し、それ以外のロック・アウトを正当と認めないわけである。

四　解雇の自由

（一）　憲法二七条はすべての国民の労働権を規定している。他方、私法上使用者は、一般に法令に違反しない限り、解雇の自由を有するとされている。そこで憲法二七条と解雇の自由との関係が問題になる。もっとも、いうまでもなくこの問題は憲法二七条をいかに解釈するかという問題とも関連するのであって、もし我が憲法学界の通説的立場の如く、憲法二七条は国民に対する国家の政治的責務を規定したものであり、また憲法の規定は単に国家と国民との関係を規律するものであって、直接には国民相互の関係を規律しないとの見地に立てば、解雇の自由は憲法の問題にならないことになろう。(たとえば「註解日本国憲法」五二〇頁参照)。しかしさような見解が果して妥当であろうか。もちろん憲法二七条が使用者に対して一般的に解雇権を否定しているとか、労働者が一般に解雇されない権利をもっているとか考えることはできない。その限りでは、次の判例は、いわば当然のことを述べているにすぎない。

【53】(憲法)「第二七条に国民は勤労の権利を有するといってもこれによって直接使用者が労働者を解雇することを一般的に禁止したものと見るべきではないから、本件解雇が他に違法の点のない限りこれによって控訴人がその職を失い路頭に迷うことになるとしてもこれを無効とすることはできない」(日本車輛製造会社事件、名古屋高判昭二六・三・一七労民集二・一・4)。

しかし問題はかような一般的解雇権の有・無ではなく、解雇の自由が憲法二七条に基いて制約されるか、あるいは、法令の明文に反しない限り、全く自由であるのかである。もちろん、資本主義制度に立脚している我が国において、憲法二七条が直接に私人間に積極的な権利義務を規定しているとは解されないであろうが、そのことからさらに、使用者が労働者の労働権を侵害するような特定の行為をしても、何等違法とならないと解することは誤りであろう。従って、別に法令によって具体的内容が規定されていない以上は、この規定のみによって使用者に対する具体的権利が生じないことは当然としても、この規定が法的評価の基礎となって、この規定の精神に反する解雇は正当なものとして認められないと解するのが正しいと思われる。何故なら、国家が労働権の実現に努力すべきことを規定する憲法秩序が、他方において使用者による無制約的な解雇の自由を認めるとすれば甚だ不合理といわねばならないからである。従って我が労働法学者の中には憲法二七条によって解雇の自由が制約されると説く人が多く（たとえば沼田稲次郎、前掲書一一〇頁、吾妻光俊「労働法」法律学演習講座一一〜一二頁、野村平爾「日本労働法の形成過程と理論」一〇頁。反対説、たとえば石井照久「労働法総論」三〇二頁）、また次の判決も、問題はあるが、この立場に立っているといえよう。

【54】「一般には使用者は、法律、労働協約又は就業規則等に抵触しない限り、自由に労働者を解雇することができるとせられているのであるが、

㈠ 企業の公共性にかんがみ、使用者の人事権は、企業の生産性を昂揚するような仕方で行使せられるべく、その生産性の基礎である労働者の生産活動ないし、その生存権を侵害するような人事権の行使は許されない。

㈡ 労働者は、『その意思に従って職を選び最も有利な条件で労働力を提供し、その生存を維持すること、而して他人に妨げられることなく、かかる雇用関係を継続する権利』（労働の権利）を有するのであるから、これを侵害するような解雇は許されない。

というべきであり、従って、使用者はその従業員が企業の生産性に寄与しないとか、有機的全体としての経営秩序をみだす等、社会通念上、解雇を正当づけるような相当の理由がある場合に限り、有効に解雇することができると解するのが相当である」（東京生命保険事件、東京地判昭二五・五・八労民集一・二19）。

しかし、かように解雇に正当理由を必要とする判例は極めて少なく、一般に判例は解雇を自由としつつ、ただ解雇権の濫用を排する立場をとっている。たとえば次の判例はいずれもこの立場をとって

いる。

【55】「およそ雇傭契約において、解雇は契約の解除とことなりいわゆる告知であって雇傭主の自由になしうるところである。しかしながら、権利の行使といえども信義誠実の原則に反するときは権利のらん用として許されないこと勿論であり、この理は労働関係においてもなんら異なるところはない。けだし、労働者は一般に雇傭による収入をもって殆んど唯一の生活資金としており、一旦解雇されると容易に他の職につくことができず解雇によって全くその生活をおびやかされるに反し、使用者は他の労働者を求めるのに比較的容易であるからである。従って解雇になんら相当な事由のないときは権利のらん用とされることが多いというべきであり、このことは試傭中のものに対する場合においても同様である」（刈谷生活協同組合事件、名古屋地判昭二六・一二・四労民集二・五52）。

【56】「整備計画に基く人員整理即ち解雇が信義に反し又は解雇の濫用となる場合はその解雇は無効であること勿論である。しかして専ら従業員に損害を与える目的で人員整理に名を藉り解雇する場合とか、整理以外の方法によって経営困難を打開できる方策があって、人員整理の必要が存在しないのに拘らず、これがあると称してなす解雇は一般に解雇権の濫用に該当するものとしてその解雇は無効であるということができよう」（科研化学事件、東京地判昭三〇・一〇・一五労民集六・六79）（同旨判決。千歳キャンプ事件、札幌地判昭二九・四・一三労民集五・二17。横須賀米海軍基地保安解雇事件、東京地判昭三二・一・二二労民集八・一9。前記〔18〕など）。

(二)　しかし、これに反し解雇の自由に対していかなる制約をも認めない判例もある。たとえば次のようなものがある。

【57】「およそ雇傭契約において、解雇は契約の解除とは異り、継続的な契約関係を将来に向って、消滅させるものであって、その意思表示はいわゆる告知であるから、法律に別段の規定なき限り、契約当事者の自由に行使し得る権利であるといわねばならない。解雇をこのようにみることは、労働者の地位を著しく不安定のものにし、現実の社会生活関係に沿わないとの考慮から、正当の事由に基かない解雇を無効とする見

解にも一面の理なしとはしない。しかしながら、民法第六百二十七条第一項は『当事者ガ雇傭ノ期間ヲ定メザリシトキハ、当事者ハ何時ニテモ解約ノ申入ヲ為スコトヲ得』と規定し、一般的に解雇の自由を宣明しており、労働基準法労働組合法等が、特別の場合の解雇権の行使を制限しているのも、解雇の自由を前提としてはじめて意味があるものと考えられるので、労働契約の解約について借家法第一条の二のような特別規定のない現行法制の下においては、解雇には別段の理由を要しないものと解せざるをえない」。

「もっとも現下の労資間の経済状態をみると……。そこでこのような事情に鑑み、できるだけ解雇権の行使を制限することによって、労働者の生活を擁護しようとの考慮から、解雇権の濫用なる観念を広く認め、解雇に相当の理由がないときはその解雇は権利の濫用になるとする考え方もないではない。

しかしながら、相当の理由なき解雇を解雇権の濫用として無効とする見解は（訴訟上、解雇の正当性についての主張立証の責任を労資いずれに負わせるかのちがいはあるが）結局において、解雇には正当理由あることを要するとの立場と同一に帰するのであって、われわれはすでに述べたような見地からして、かかる見解には賛成できない」。

「申請人等のような組織された労働者が、現行法制に基づく野放し解雇の不利益を避けんとすれば、よろしく……団体交渉権を行使して、使用者との間に解雇基準を定め、または協議約款を設ける等の努力をなし、これによって解雇を制限する手段に出ることが、労働立法の精神に合致するものと考えられる」（大津キャンプ事件、大津地判昭二八・三・一四労民集四・一・9）。

この判決は解雇に際して正当理由の必要性を認めないばかりでなく、更に解雇権の濫用禁止をも認めず、結局、解雇の自由に対する制約手段としては労働者の団結と団体行動の他ないことを指示している点で甚だ特色がある。しかし解雇の問題をかように労働者の団結と団体行動のみに委ねようとする見解は、法的判断として甚だ不当である。もちろん、労働者が不当な解雇に対して団結によって闘うべきことは当然であるが、単にそれだけでは、未組織労働者はもちろんのこと、弱力な労働者の団体は、（不当労働行為になる場合は別として）いかに不当な解雇に対しても何事もなしえないことになり、全くの弱肉強食を是認するほかないことになろう。しかしさようなことは、前時代の法思想ではありえても、少くとも原理として労働者の生存権を承認している憲法秩序の立場ではありえないのである。それだからこそ判例も一般に、あるいは解雇に正当理由を要するとし、あるいは、たとえ正当理由は要しないとしても、少くとも解雇権の濫用を排する立場をとっているのである。しかし、もし解雇権の濫用が許されないとするならば、更に一歩を進めて解雇に正当理由を要するとすることが憲法二七条の精神に合致し、また労使関係の現実に合致した立場であろう。何故なら、濫用禁止の立場に立つ判例は結局は解雇を正当化する理由を求めているといえるからであり、また現に圧倒的多数の使用者は、協約や就業規則の中に解雇理由を列挙することによって解雇の根拠を示し、それに該当しない解雇の効力を自ら否認しているからである。かくて要するに、解雇に際しては、たとえ憲法二七条を直接に援用しないにせよ、とにかく正当な理由を要すると判断することが妥当であると思われる。

三　労働者の権利と公共の福祉

憲法一一条、一二条、一三条はそれぞれ基本的人権について、「侵すことのできない永久の権利」であること、国民が「濫用してはならないのであって、常に公共の福祉のためにこれを利用する責任を負ふ」ことおよび「公共の福祉に反しない限り、立法その他国政の上で、最大の尊重を必要とする」ことを規定している。そこで「公共の福祉」とは何か、労働者の権利が、果して「公共の福祉」による制限を受けるか、また制限を受けるとすればいかなる程度においてであるかが問題となる。この問題に対しては、労働者の権利は公共の福祉を理由としても制限しえないとする見解もある（たとえば鵜飼信成「憲法」（岩波全書）七四頁以下、長谷川正安「憲法学の方法」一二二頁以下、有泉亨、前掲書八五頁以下など、ただしこれら諸氏も絶対無制約を主張するのではなく、結局「公共の福祉」の濫用を排するのであろう）が、しかし労働者の権利も、もし真に公共の福祉に反すると考えられる場合には、その限りにおいて、制限されうると考えられる（通説）。ただしさような制限が加えられる場合にも、その制限は必要最小限でなければならず、かつそれに対する十分な代償が与えられねばならない。

ところで、周知のように、労働者の権利は既に憲法施行後今日に至るまでの間に多くの法令によって制限されてきている。たとえば、占領軍の命令により出された昭和二三年の政令二〇一号、その後身としての改正国家公務員法、公労法（昭和二四年施行）、地方公務員法（昭和二五年）、地公労法（昭和二七年）は公務員、公共企業体等の職員の争議行為を禁止し、昭和二七年の改正労調法は公益事業について緊急調整制度を設け、また昭和二八年にはスト規制法が制定されて電気事業と石炭産業の労働者の争議行為を制限している等がそれである。そして、これらの諸法令は、占領軍が存在しなくなり従って「占領目的のため」という名目がなくなった後においては、ただ「公共の福祉」のために必要不可欠であるとされることによってのみ、合憲・有効とされうるのである。そこで、問題はかような諸法令が果してさような意味で合憲とされうるかにあるが、ここではこの問題についての判例として、現在までに最高裁の判決のあった公務員、公共企業体職員および地方公営企業従業員についての判例を検討して見ることにする。

（一）　国鉄職員は元来国家公務員であったが、昭和二〇年の旧労組法においても、また昭和二一年の労調法によっていわゆる非現業の公務員が争議権を否定された後においても、現業公務員として団結権・団体行動権を認められていた。しかるに昭和二三年政令二〇一号によって団体行動権を否定され、その違反に対して刑罰を課せられる様になり、また昭和二四年施行の公労法によって公共企業体職員となった後においても、刑罰こそなくなったが、依然として団体交渉権を制限され、争議権を否定されている。国鉄職員に対するかような制限については、これを違憲あるいはその疑いが濃いとする学説が多いが、判例はこれに反して一貫して合憲としている。次にあげる最高裁の判例は、いずれも国鉄職員についての事例に関するものであるが、事件当時の国鉄職員の法律的地位の変遷に伴って、それぞれ政令二〇一号、定員法、公共企業体労働関係法の合憲性を審査している。

【58】（事実）　国鉄労組員が国家公務員法改正反対等の項目をかかげて闘争し、被告らは劣悪な待遇に対する政府の態度を非難し、また政令二〇一号の違憲を主張して職場を離脱した。

（判旨）（上告論旨第三点について）　「国民の権利はすべて公共の福祉に反しない限りにおいて立法その他の国政の上で最大の尊重をすることを必要とするものであるから、憲法二八条が保障する勤労者の団結する権利及び団体交渉その他の団体行動をする権利も公共の福祉のために制限をうけるのは已むを得ないところである。殊に国家公務員は、国民全体の奉仕者として（憲法一五条）公共の利益のために勤務し、且つ職務の遂行に当っては全力をあげてこれに専念しなければならない（国家公務員法九六条一項）性質のものであるから、団結権団体交渉権等についても、一般に勤労者とは違って特別の取扱を受けることがあるのは当然である。従来の労働組合法又は労働関係調整法において非現業官吏が争議行為を禁止され、又警察官等が労働組合結成権を認められなかったのはこの故である。同じ理由により、本件政令第二〇一号が公務員の争議を禁止したからとて、これを以て憲法二八条に違反するものということはできない」(国鉄弘前機関区事件、最判大法廷昭二八・四・八刑集七・四・七七五)。

(注) この判決については栗山裁判官の補足意見(前記【9】)および真野裁判官の少数意見がある。真野裁判官の見解は、国鉄法および公労法が制定されて国鉄職員の争議行為等については全然罰則がなくなり、しかも両法には経過規定がおかれていないから、「刑の廃止があったものと認め」られ、従って「免訴を言渡すを相当とする」という注目すべきものであった。

【59】(事実) 昭和二四年(六月施行)の行政機関定員法付則七、八、九項は、国鉄職員の定員を定め、同年九月三〇日までの間に整理が行われるべきことを規定するとともに、その整理に際して公労法八条二項、一九条を適用しないことを規定した。そこでこれらの規定に基く解雇の無効確認の仮処分が申請された。

(判旨)(菅原、浪江弁護人上告理由第一点について)「国鉄は、……一般の行政機関とは異なり国家に対して自主性を有する点もあるが、その資本金は全額政府の出資にかかり、その公共性は極めて高度のものであるから、国家はこれに対してかなり広汎な統制権を保有している。……国鉄の職員も、国鉄法の施行と共に、運輸省職員として国家に対し特別権力関係に立っていた従来の地位をある程度脱却し、国鉄と私法関係に立つに至った点があるとはいえ、なおその身分は一般の営利会社の職員と全く同様のものとなったのではなく、職員は法令により公務に従事する者とみなされ(国鉄法三四条一項)、職務の遂行については誠実に法令、業務規定に従い、全力をあげて職務の遂行に専念しなければならない(同三二条)旨、国家公務員と同様の規定がおかれ、一定の事由があるときはその意に反して降職、免職、休職にされ(同二九条、三〇条）、一定の事由があるときは懲戒処分を受ける（同三一条）等公務員的性格を有し、……更に公共企業体労働関係法（一七条）によれば、国鉄職員は一切の争議行為を禁止される。このように国鉄職員の身分は一方においては私法的側面を有すると同時に、なお種々の点において公務員的取扱いを受け、従って公法的側面を有するのである。（このことは前記のような国鉄の高度の公共性とその大部分の職員が国家公務員から移行したものであるという経過を顧みればむしろ自然のことでもある。）」……殊に定員法は国鉄法と同時に施行され、運輸省の職員は国鉄職員になった当初から定員法の制約を受けているのであるから、従って「国鉄が定員法によって行う免職も、……行政庁の行政処分と同様に取扱うことが妥当である」。

（青柳、森長、高木、佐伯(静治)及び藤井弁護人の上告理由第一点について）「論旨……は結局定員法付則七乃至九項の規定は憲法二八条の団体交渉権を侵害するものであるから無効であるという主張に帰する。しかし当裁判所の判例にも示されているとおり、憲法二八条が保障する勤労者の団体交渉権も公共の福祉のために制限を受けるのはやむを得ないところである。殊に国家公務員は、国民全体の奉仕者として公共の利益のために勤務し、且つ職務の遂行にあたっては全力を挙げてこれに専念しなければならない性質のものであるから、団体交渉権等についても一般の勤労者とは違って特別の取扱を受けるのは当然である（……二八年四月八日大法廷判決……）。国鉄職員は純然たる国家公務員ではないけれども、本件定員整理の関係においては、これを国家公務員と同一視し得べきものであること、前記菅原及び浪江代理人の上告理由第一点について述べたとおりであるから、定員法によってその団体交渉権が所論のような制限を受けることになったからとて、これを以て違憲無効のものということはできない」（国鉄職員解雇無効確認事件、最判大法廷昭二九・九・一五民集八・九・一六〇六）。

【60】「国鉄職員が国家公務員であった当時において、その争議行為の禁止が憲法二八条に違反するものでなかったことは、当裁判所の既に判示したところである（……二八年四月八日大法廷判決……）。その後本件……の発生前、国鉄職員は法制上国家公務員とはならなくなったが、しかしなお、法令により公務に従事

する者とみなされるべきものであり（日本国有鉄道法三四条）、また国鉄の資本金は全額政府の出資にかかり（同法五条）、その性格は公法上の法人であって（同法二条）、その事業経営の実質及び条件は従前と殆んど異なるところはないのである。すなわち、かかる公共企業体の国民経済と公共の福祉に対する重要性にかんがみ、その職員が争議行為禁止の制限を受けてもこれが憲法二八条に違反するものでないことは、前掲判例の趣旨に徴して自ら明らかである」（三鷹事件、最判大法廷昭三〇・六・二二刑集九・八・一一八九）。

さて、これらの判例は、その審査の対象とされた法令が異っているにもかかわらず、その趣旨は、後の判決がいずれも【58】の判決を援用していることからも明らかなように、驚くほど単純な論理によって貫かれているといえる。即ちこれらの判例を一貫して流れているのは、憲法一三条によって「労働者の権利も公共の福祉のために制限をうけるのは已むを得ない」、そして（国家）公務員及び（国家）公務員的性格を有するものはすべて「全体の奉仕者」（的性格のもの）として「公共の利益のために」、職務に「全力をあげて」「専念」しなければならないから、「特別の取扱」を受けるのは当然であり、従ってこれらの法令は違憲でないという論理であるが、しかし、かように「公共の福祉」による制限が可能であるということから直ちに公務員および公務員的性格を有する者が制限されるのは当然であるとする論理、またその論理を直ちに問題となった法令に適用して合憲とするということは余りにも形式的な論理の操作であるといわねばならない。労働者の団結権・団体行動権の行使が公共の福祉のために制限されうるということは一般に承認されているとしても、もしその制限が、右のような形式論に基いて行われるとすれば、労働者の権利は不当に侵害されることになるであろう。

何故なら、いうまでもなく、「公共の福祉」という概念は、その概念を用いさえすれば国民の権利を具体的に制限しうるような明確な意味内容をもった概念ではなく、従ってある権利を制限するためには、その権利の行使が真に公共の福祉に反するという具体的な理由が明示されなければならないからであり、また公務員および公務員的性格を有するということは、それだけでは労働者としての権利を制限する当然の理由とはならないからである。しかるにこれらの判決はただ「公共の福祉」「全体の奉仕者」云々ということを述べて、それだけで労働者の権利を制限する理由があるかのように考えている。しかし、元来公務員が全体の奉仕者であるということは、ただ公務員が国民の一部の者の利益に奉仕するものであってはならないということを意味するのであって、公務員が労働者としてもっている権利に特別の制限を受ける根拠とはならない（通説といえよう。たとえば宮沢俊義「日本国憲法」二二二頁、鵜飼信成前掲書一五〇頁、吾妻光俊前掲書一七九頁、石井照久前掲書三四五頁など。反対説、「註解日本国憲法」三六五、五四八頁など。）し、「全力をあげて」「専念」などということも、それだけでは法律上無意味な表現であり、いわんや労働者としての権利を制限する根拠とはなりえない。このことは昭和二三年の改正以前の国家公務員法が同じ規定をおきながら、しかも公務員が、警察官等を除き、旧労組法によって労働者の権利を認められていたこと、また現業公務員は労調法によっても争議行為を禁止されなかったことからも明らかである。また公共の福祉による制限が課せられるとしても、それは真にやむをえない場合に、かつ必要最小限の程度に限られるべきであって、公務員および公務員的性格を有するが故に、職務の種類、行為の程度等の如何を問わず、一律に制限されるべきではなく、また制限が課せられる場合にも、必らずそれに対する十分な代償が与えられねばならない。それこそ憲法一三条が

「立法その他の国政の上で、最大の尊重を必要とする」と規定していることの意味である。かくて要するにこれらの判決の対象とされた諸法令は、国鉄職員等の団体行動権を制限し、とくに争議行為を絶対的に禁止し、しかもそれに対して十分な代償を与えていない（公労法による仲裁制度が不充分であることはいうまでもないが、これについては、たとえば野村平爾・前掲書二八〇頁の一覧表参照。）から違憲であり、またこれらの判決はいずれも憲法の団結権・団体行動権の保障の意義を理解せず、いたずらに形式論を展開することによって、真の問題を回避している甚だ不当な判決といわざるをえない。

（二）ところで最近出された次の最高裁判決は政令二〇一号の合憲性を再確認したものであるが、同政令が単に憲法二八条のみでなく、憲法一四条にも違反しないとされている点で注目すべき判決である。前記のように、政令二〇一号はその後国家公務員法の改正、公労法、地方公務員法および地公労法の制定によって消滅したが、これらの諸法のうち地公労法は特に遅れて成立し、かつ同法施行前にした行為については政令二〇一号が適用されていた。そしてこの事件は同法施行前に生じたため政令二〇一号が適用され、そこで同政令の憲法二八条に対する合憲性および国鉄職員の地位（争議行為に対して罰則がない）と地公労法施行以前の地方公営企業従業員の地位（争議行為が処罰された）との不平等の憲法一四条に対する合憲性が問題になった。これに関して第一審は政令二〇一号を違憲として免訴の判決をしたが、控訴審でくつがえされ、さらに最高裁でその控訴審判決が支持されて、第一審差戻しとなった。以下第一審と最高裁の判決をかかげる。

【61】（事実）京都市交通局全職員よりなる京都市交通労働組合がベース・アップおよび越年資金を要求

して、昭和二六年一一月一七日より二一日まで市電市バスのストライキを行った。

（判旨）「国鉄職員がその争議行為に対してすくなくとも刑罰を科せられなくなったという理由」は「その業務内容が一般私企業に任せても充分に経営の可能な非権力的業務すなわちいわゆる現業であり、もし何等かの偶然的な理由によってこの事業が私企業として運営されている場合にはその従業員の争議行為そのものを理由に刑罰を科することは我国の法制上一般に認められていないという点にこそ求めなくてはならない」。「……事情を総合して考察するときは国鉄職員と被告人等のような地方公務員中軌道又はバス事業に従事する現業員とを差別して取扱うべき合理的な根拠は存しないといわなければならない。従って政令二〇一号第三条は、憲法第一四条所定の原則に違反して被告人等の法的平等権を侵害していることは明らかであって、すくなくとも対日講和条約発効の日即ち昭和二七年四月二八日以降は無効なものとしてその適用を排除しなければならない」。従って「犯罪後の法令により刑罰の廃止があったものと同一」であるから免訴と判決する（京都市交労事件、京都地判昭二七・一一・一五）。

（注）この判決は免訴の判断を下している関係で、政令二〇一号と憲法二八条との関係について特に論じていないが、たとえば『公務員の使用者は国民（住民）であり、国民（住民）は政府（地方公共団体の機関）がこれを代表している。従って政府に対する争議は国民全体に対する争議となり、全体の奉仕者たる公務員の本質に反する』という考え方に対して、「右のような論理は『政府は即ち主権者たる国民全体そのものである』という謬論を前提としなければ成立し得ない」とし、また「法律的ではないがしかし最も有力なものとして『公務員は全体の奉仕者であるから、全体たる国民に迷惑をかけるような争議はその本分に反する』という俗説がある」。「しかしこのような議論は争議権を以て、勤労者が専らその私的利益を追求するためにのみ認められる私権にすぎないと考えることによってのみ可能なものである。争議行為は公務員たると否とを問わず一般大衆に直接の損害を与えるものであることは明白であるが、しかも長期的にこ

れを観察すれば勤労者の生産的能力と意欲とお(マヽ)増進し、勤労者の文化人としての地位を向上させ、社会機構の民主化に貢献し結局は公共の福祉に合するものとしてその一時的害悪にもかかわらず認められた権利」である等と述べて、公務員だからといって当然に争議権が制限される理由はないことを主張している点で注目に値いする。

【62】（青柳、上田弁護人の上告趣旨第一点について）　「昭和二三年政令二〇一号は、任命によると雇傭によるとを問わず、国又は地方公共団体の職員の地位にある者に対し等しく適用されるものであることは、同令一条の明定するところであるから、同令の適用について、国家公務員であった当時の国鉄職員と本件京都市電バスの従業員たる地方公務員との間に差異を生ずるものとは解せられない。そして、憲法二八条が保障する権利も公共の福祉のため制限を受けるのは已を得ないところであるから、右政令は、憲法二八条に反しないことは、既に所論引用の当裁判所大法廷判決（同集七巻四号七七五頁以下参照）の示すところであって、いまなおこれを変更すべきものとは認められない」。

（佐伯（千仭）弁護人の上告趣旨第一点について）　（国鉄職員と京都市電バス従業員との）　「両者は、昭和二七年一〇月一日以後現在においては、争議行為が禁止されこれについては等しく罰則がないことになったのであるが、関係法令の制定、改正が時を異にして行われたため、その過程において、国鉄職員については既に争議行為につき罰則の適用がなくなっているのに、本件市電バス従業員については、争議行為につき罰則の適用がある時期が存することとなり、本件は正にその期間に行われたとされる事犯である。

思うに、両者の身分関係および労働関係の分野について、企業の主体、組織規模、性質、会計経理、労働条件その他の具体的事情に即し、これを原判決説示のような別個の法体系の規律に属せしめることは、立法政策に委されているものであり、右両者の法体系の設定、改正が、その立法の準備、研究その他諸般の事情により、同時に行われなかったため、ある時期において、両者の労働関係に対する罰則の適用について差異が生じたからといって、これを以って直ちに、所論のように、不合理な差別的取扱をしたものであって憲法一四条に違反するものであるということはできない、されば原判決は正当であって、所論は採るを得ない」（同上告事件、最判大法廷昭三三・七・一六）。

（注）　この事件の控訴審判決（大阪高判昭三一・二・二七判時76）は前記【58】判決を採用して憲法二八条に反しないとするとともに、（ママ以下同じ）国鉄職員は公共企業体の職員であり市電従業員は地方公務員であって、「両者はその身分及び労働干係の分野において別個の法律干係に立つ」ことは「各干係法規がそれぞれ時期を異にし各々別個に独立して規定せられその内容においても別個の規定が存する点から見て極めて明らかである」から、争議行為に対する罰則等が異っても当然であるとしている。

さて、これらの判決についてであるが、まずここで第一に注意されねばならないことは、この事件で特に問題とされたのは憲法二八条というよりもむしろ憲法一四条であったが、しかしこの憲法一四条の問題も、実は、憲法二八条の問題に他ならなかったということであろう。何故なら、この事件は前記【58】以下の最高裁の諸判例が、「公共の福祉」「公務員（的性格）」の形式論によって、回避していた政令二〇一号の一律的制限の不合理性を指摘し、またそのことによって前記最高裁判例の形式論の不当性を、明白な事実に基いて指摘しているからである。即ちこの事件で特に問題とされたのは、国鉄職員と地方公営企業従業員との法的地位の甚だしい不平等ということ、換言すれば、社会への影響という点からいえば国鉄職員の争議行為の方が市電・市バス従業員の争議行為よりもはるかに大きいのに、法的取扱いはその逆に市電・市バス従業員の方が加罰され国鉄職員は加罰されないことになっている（のみならず一般の国家公務員、地方公務員の争議行為の場合は、それを共謀・教唆・せん動した者が加罰されるにすぎないのに市電・市バス従業員はすべての争議行為参加者が加罰される)が、これは甚だ不合理であるということであったが、このことの指摘は、単に「公共の福祉」「公務員(的性格)」によって政令二〇一号の一律的制限の合憲性を認めるような形式論では、もはや答えることができない実質的な問題を提出しているのであり、しかも、実にかような実質的問題こそ、公共の福祉の名による制限の合憲性の判断に際して、十分に検討されねばならなかった問題なのである。ところで、この問題に対して第一審判決はさすがに実質的に判断して不合理を認め、政令二〇一号を違憲としている。しかるに控訴審判決はこの不合理に目を覆い、再び公務員と公務員でない者との相違という形式論によって政令二〇一号を合憲としているのであるが、かような判断は実は前記【60】の最高裁判例に反しているし、しかもこの判決の当時既に地公労法の施行によって、市電・市バス等の地方公営企業従業員が国鉄職員と同様な法的地位を認められ、また地公労法の制定と同時に公労法が改正されて、国営企業に従事する国家公務員も公労法を適用されているという事実を無視しているのである。さらに最高裁の判決も、さすがに公務員と公務員でない者との相違という見解はとらなかったが、しかも差別を、立法政策の名によって、合憲としている。しかし、いうまでもなく、立法政策云々ということは決して違憲性を否定する理由となるものではない。もし権利が立法政策の如何によって左右され、明らかな不平等も立法政策の問題として是認されるとすれば、さような権利は実は立法者によって恩恵的に許与されているものにすぎず、決して憲法上の権利ではないのである。従って憲法上の権利を差別しうるためには、立法政策そのものが合理的でなければならないのであって、それこそ憲法一三条が「立法その他の国政の上で」と規定していることの意味である。かくてこの最高裁の判決もまた、形式論によって生じた明らかな不合理を前にして、しかも依然として形式論によって問題を回避する不当な判決といわざるをえない。

以上に見てきたように、最高裁の判例はいずれも形式論によって、労働者の権利に対する制限を甚だ安易に是認しているのであるが、もしかような形式論的傾向が続くとすれば、「公共の福祉」の名によって行われる制限が果していかなる場合に違憲とされうるか甚だ疑問に思われる。

結　び

以上、労働者の権利に関する判例について検討してきた。筆者の未熟のため、とりあげた問題も判例も必らずしも適切でなく、またその反面いたずらに冗長に流れている部分も多いと思うが、もはやそれについて検討する余裕もないし、予定された紙数もはるかに越えているので、ここで一言筆者の感想を述べて本稿を終えたいと思う。

本稿の始めのところでもふれたように、労働者の権利は元来闘いとられたものであった。しかるにわが国においては、労働者の権利もいわば法によって与えられたものであった。もっともわが国にも労働運動の歴史がなかったわけではない。すなわち、既に明治三〇年には最初の労働組合が成立していたし、その後の弾圧にもかかわらず労働運動が根強く行われ、その結果昭和七年には約三七万（組織率は戦前最高の七・九％）、昭和一二年には四〇万余（戦前最多数）の組織労働者が存在していたし、その間政府も、世論と労働者の団結の力に押されて、再三にわたり、労働組合法その他労働者保護立法の制定を企てていたのである。しかし、かような方向への努力も、結局わが国の相次ぐ戦争のため中絶し、その後は労働運動は徹底的弾圧と産業報国会運動等によって、終戦時には完全に消滅してしまっていた。従って、さような状態において終戦後まもなく旧労組法が制定され、また憲法によって労働基本権が保障されたことは、これらの権利が、やはり労働者自身の力によってではなく、法によって与えられたのであるといわざるをえない。

しかし、かようにわが国において労働者の権利が与えられた権利であったとしても、そのことは労働者の権利、とくに団結権・団体行動権が、元来労働者の団結と団体行動によって闘いとられた権利であり、従ってさような権利としての一定の意味内容をもっていること、またかかる権利としての団結権・団体行動権が十分に尊重されないならば、労働者の生存権も労働権も結局実現されないという歴史的事実を否定することにはならない。何故なら、これらの権利は、一時はわが国でも闘い取られようとしたのだったし、またたとえわが国でこそ十分な歴史的事実に基礎づけられなかったとしても、労働運動の世界史的発展の中で十分に基礎づけられているのであって、さような歴史的基礎を離れて立法者が勝手に創造しうるようなものではないからである。とすれば、日本国憲法で保障された労働者の権利、とくに団結権・団体行動権も、さような歴史的意味内容をもった権利として保障されていることは明らかであり、従ってまたかような権利についての問題の法的判断に際しては、何よりもまず、これらの権利の歴史的存在理由と歴史的意味内容を十分に理解し、それに基いて各々の具体的・

特殊的な問題を検討するという慎重な態度が要求されねばならないことも明らかである。

ところで、わが国においては終戦前の市民法秩序すら十分に行われていなかった状態から、終戦後一挙に労働基本権の保障を見るに至り、しかもその後今日に至る一〇年余の間に、一方では労働運動の急激な発展があったと共に、他方では、占領軍の政策の変化と相俟って、労働法令の制定・改廃が相次いで行われたのであるから、その間にあって、元来労働問題については殆んど素人にすぎなかった裁判官が、相次いで起った具体的事件に対して法的判断を下すのは、決して容易ではなかったであろう。しかし、それにもかかわらず、以上に概観した判例によっても、上級審、とくに最高裁の判決の旧態依然たる形式論的傾向に対し、下級審の判決の中には労働者の権利についての高い理解を示したものが少なからず見受けられる。もとより不当な楽観は許されないが、裁判官の労働事件についての習熟と共に、かような傾向が今後益々増大することを期待するとともに、最高裁が、さような傾向に刺戟されて、従来の余りにも形式論的な態度を反省するようになることを願わざるをえない。

生存権

森順次

序

十年前、現行憲法が公布されたとき、われわれは、慘澹たる敗戦の悲哀のうちに、ただ一縷の希望として新しい平和的・文化的国家の建設を念じたのであった。そして憲法二五条以下のいわゆる生存権的基本権の保障がかかる希望の一つの礎柱であったことは疑い得ない。本稿はこの十年間に憲法二五条―二七条が判例において如何ように取扱われてきたかを眺めたものである。

判例を通観すると、今迄のところ、これらの条項は、いわゆる綱領規定にとどまり、未だ法律上の現実的効果を発揮するに至っていないことが示されている。本稿の概説で述べた通り、この点は今後の判例に期待されねばならない。従って本叢書の目的のうち、「判例の創造した特殊の制度の内容を明かにする」といったようなことは、この項目については時期尚早といわざるを得ず、ただ「判例によって明かにされた条項の意義を探る」ということが企てうる程度である。

判例にあらわれた事案は、いわば暗中摸索的に、種々の角度からこれらの条項を問題としていると言えよう。なかには非常識と思われる上告論旨も散見される。しかしこうした現実をそのまま示すことも意味があると思うので、判例を網羅することに努めた。

判例の見落しその他不備の点について御叱正を賜らば幸である。

一 概説

生存権という概念を初めて法理論的意義において確立したのは、オーストリアの法学者メンガー（Anton Menger 1841—1906）であった。彼は、十七・八世紀の政治運動の追求した目標が一般に政治的基本権と呼ばれるのに対し、新たに経済的基本権を提唱した。彼によれば、経済的基本権は社会主義の二つの要請——すべての労働者に彼の労働の全収益を与えるか、または、すべての欲望を現存資料に応じて充足せしめること——を表明するものであり、右の第一の要請に基づいて全労働収益権（Recht auf den vollen Arbeitsertrag）が、また第二の要請に基づいて生存権（Recht auf Existenz）と、その特殊の変形たる労働権（Recht auf Arbeit）が認められるが、この三種の基本権は経済基本権の典型的なものとされるのである。（Menger, Das Recht auf den vollen Arbeitsertrag in geschichtlicher Darstellung. 邦訳・森戸辰男・全労働収益権史論）もとより、この種の思想は、既に「労働権の父」と称せられる空想的社会主義者フーリエ（François Marie Charles Fourier, 1772—1837）などによって説かれたところであるが、いわゆる法曹社会主義の立場から一定の法理論的要請としてこれを体系づけた者はメンガーである。そしてこれが、単なる法理論的要請の域を脱して、現実に実定法の中に規定せられるに至ったのは、第一次大戦後のドイツのワイマール憲法を初めとする二十世紀の諸国の憲法においてであった。わが現行憲法もこれら諸国の例にならって生存権を規定するのである。

わが憲法において、一般に生存権と言えば、二五条一項に定められた「健康で文化的な最低限度の生活を営む権利」と解されている。しかし二五条一項は、二六・二七・二八各条に定められた諸権利と密接な関連をもっており、これらを総括して生存権的基本権と称することも一般に行われているので、此処では、これらの全体について眺めることにしたい。

生存権的基本権の法的性質については、これを最初に実定憲法中に採り入れたワイマール憲法の解釈に当って、ドイツにおいても種々論議されたのであるが、わが国でも、憲法制定頭初から、幾多の異なる見解があらわれた。その詳細は俵静夫教授の「経済的基本権の法的性質」(国民経済雑誌八〇巻一・二合併号)などに明らかにされているが、ごく概略的に言って、生存権的基本権を、従来の伝統的な国民の基本権のいずれかの範疇に属せしめる考え方と、これを新たなものとして理解する考え方とに分たれる。

前者の例としては、例えば美濃部博士は、憲法二五条は「生活を営む権利」として、同二七条は「勤労の権利」として、いずれも伝統的な国民の基本権たる「請願権」や「裁判を受くる権利」と並ぶところの「国民の受益権」の一種とされ、また憲法二八条は「勤労の自由」として、思想の自由や信仰の自由と並ぶところの「国民の自由権」の一種とされた(美濃部達吉著・宮沢俊義補訂・日本国憲法原論一六一頁以下)。

現行憲法の審議に際して、政府当局のとった見解も、生存権的基本権を伝統的な国民の基本権の一種と見る見地に立っていたようである。例えば二七条の勤労権について政府側が「結局もう極く端的に申しますれば、誰でも働くことが出来るのだ。働くことを妨ぐるやうなことをしてはならぬと言う意味に私解釈して居ります」(岡田亥之三郎編・日本国憲法審議要録三二四頁)「何とかの権利を有すと言うことが国民の側に向けて規定せられて居りますならば、それは国家に対しまして、斯くの如きものの存することを妨ぐること勿れと、要求する一つの意思の力である、廻り諄く申しますると、略々其の意味に当るような気が致しまして、確か学者が『ネガティフェル・シュターッス』とか何とか言う言葉を用いて居りますが、是は妨ぐること勿れと言う意味に用ひて居りまして……」（岡田・上掲三二五頁）「原案者の建前に於きましては、勤労の権利は飽く迄自由権である」（岡田・上掲三二七頁）などと説明しているのは、これを示している。

以上の如き考え方に対して、生存権的基本権が従来の伝統的な国民の基本権と全く異質的な特殊な権利であることを強調されたのは、この概念を初めて明確に規定されて、憲法二五条から二八条に至る四個条の諸権利をこれに包括された我妻教授である。教授は、十八・九世紀の諸国の憲法や権利宣言に表われている国民の基本権を一括して「自由権的基本権」と呼ばれ、生存権的基本権がそれらと異る「一種特別の権利」であることを主張されたが、その相違点とされるところを一言にして尽せば、自由権的基本権は専ら国家権力による妨害を排除する「国家からの自由」を中心とするものであったのに対し、生存権的基本権は、国家権力の積極的関与によって、国民に対し「人間に値する生存」を保障しようとするものである、と言える（我妻栄・基本的人権、国家学会編・新憲法の研究六三頁以下所収）。今日の学界においては、右の我妻教授の如き考え方が有力であり、ほぼ通説となったと言えると思う。宮沢教授が「社会権」の概念を立てられ「社会権とは、憲法上、国民の生活を保障するための国家活動が要請される場合（国民が国法に対して積極的な受益関係に立つ場合）における国民の地位をいう。勤労の権利（二七条）、健康で文化的な最低限度の生活を営む権利（二五条）などがこれに属する。……自由権は、社会権によって裏づけされて、はじめて実効的になると考えられ、社会権が自由権とならんで『基本的人権』に含まれるようになった」（宮沢俊義・日本国憲法コンメンタール・一九四頁）とし、また憲法二八条について「本条は、労働者が契約自由の原理の下においては、とうてい使用者と対等の立場に立って交渉することができない事実に着目し、通例の自由権の範囲内ではみとめられない労働三権を社会権として保障し……」（宮沢・上掲二七八頁）とされる如きも、根本において、我妻教授の所説と通ずるところがあると言えよう。そして後に明らかとなるように、判例も亦、我妻説を採っているのである。

ところで、生存権的基本権の法的性質について更に深く考えてゆくと、この権利が新たなものであるだけに、種々の疑問が出てくる。この点は、憲法審議の際にも、おぼろげ乍ら問題とされ、勤労の権利について政府当局は「民法の規定に於ける権利とは多少観念が違って来るように、私は解釈して居ります」（岡田・上掲三二五頁）というような答弁をしている。我妻教授も「生存権的基本権は如何なる種類の権利となすべきであろうか。私は一種特別の権利といって充分だと思う」（我妻・上掲八七頁）とされる。そこで従来の権利の観念と何処が違い、何処が特別なのか、ということが問題であるが、その最も重要な点は、これらの権利が直接に憲法によって与えられた国民の具体的権利とは見られ得ないという点にあると思う。

尤もこの点については、憲法二八条所定の勤労者に与えられた団結権、団体交渉権、その他の団体行動権だけは、特別の性質を有すると見なければならない。憲法二八条所定の権利は、勤労者に与えられた具体的な権利である。それは、一見したところ、自由権、例えば結社権と極めて類似するが、単なる「国家からの自由」ではなく、矢張り国家権力の関与によってはじめて経済的弱者たる「勤労者」が経済的強者たる使用者に対して現実的に享有し得る権利である、という意味において生存権的基本権の一種とみられる。この権利については、別の著者によって詳論される筈であるから、ここでは触れないが、ただ我々はこの権利が資本制社会においても、具体的な権利として勤労者に与えられ、従ってそれは「所有権」その他の自由権と共存するが故に、特にその間の調和がはかられねばならぬこと（最判昭二五・一一・一五刑集四・一一・二二五七参照）に留意すれば足るであろう。

これに対し憲法二五——二七条の諸権利はいずれも、国民に与えられた具体的権利とは言い難い。後に明らかとなる如く判例も亦この考え方をとっている。

もとより、憲法二五——二七条がある以上、国家は国民に対し一定の義務を負うこと勿論である。しかし、国家がその義務を怠り、必要な立法や適当な施設をしない場合、国民の側から、法的手段をもってその義務の履行を請求し得るとは考えられない。多くの学者がこの国家の義務を、法的義務ではなく、道徳的・政治的義務であると説き、又憲法二五——二七条は、国家の政策の方針を定めた・いわゆる綱領《プログラム》規定であると説く所以も此処に存する。そしてこのような事態は、私有財産制を認め、各自の生存を自由な経済活動に依存せしめることを原則とする資本制社会においては、畢竟、免れ得ないことでもある。即ち、資本制社会では、国家は国民経済のあらゆる分野を完全に統制しうる立場に立っていないのであるから、国民の生存権を保障するといっても、国民経済上——殊に財政上の制約があり、到底これを国民各自に与えられた具体的な権利として確立することを得ないのである。

この点について参照せらるべきは、資本制をすてて社会主義へ移ったソ連における生存権である。

ソ同盟憲法一一八条は「ソ同盟市民は労働の権利、即ち労働の量および質に相応した支払いを保障せられた労働をうける権利を有する（一項）、労働の権利は、国民経済の社会主義的組織、ソヴェト社会の生産諸力の不撓な発展、経済恐慌の可能性の欠如および失業の絶滅によって保障されている（二項）、と規定する。ソ同盟においては、この規定は、具体的に国民各自の労働権を保障し、それによって又、生存権を保障したものとして誇示され、これに比して、資本制諸国の憲法が規定する労働権や生存権は単なる綱領にすぎないと批難される。確かにそういう一面はある。しかし飜って考えると、ソ同盟憲法一二条においては、「ソ同盟における労働は『働かざるもの食うべからず』の原則に従い、労働能力のある各人民の義務であり、名誉である。」と規定され、労働は国民の権利たるよりも、寧ろ義務とされる。こうした労働義務の上に、社会主義国家は国民経済の全面的統制を行って、失業者のない、又経済恐慌の可能性のない国家を目ざしているのである。

このように見ると、労働権や生存権の思想は、資本制国家において国民各自の具体的な権利として確立されることは不可能である。若し強いてこれを実現しようとすれば、国家財政の破綻が唯一の結果となるであろう。これに反し、社会主義国家においては、労働権・生存権の思想は、その存在の意義を失うとも言えるであろう。それではこの思想は何等の意義を持ち得ないかというと、そうではない。甚だ逆説的ではあるが、これらの権利は、具体的な権利として確立される可能性のない資本制社会においてこそ、却って存在の意義がある、と言える。生存をおびやかされる者や失業者のある資本制社会においては、これらの権利が強調される必要があるのである。それは結局、現在の日本に即して言えば、清宮教授が説かれる如く「憲法の保障する権利（憲法二五・二六・二七・二八各条にいう権利を指す――筆者註）は、きわめて抽象的であって、さらに、これを裏づける法律の規定とそれを実現する現実の施策とをまって具体化されなければならないものであり、それには、この理念に即応した強力な政治とそれを裏づけるための国家の財政・経済全般の充実と安定とが必要であるから、わが国の現状においては、この権利の具体的実現には、実際上、なおいくたの困難が伴うのみならず、資本主義的自由経済を原則とするわが憲法のもとでは、このような社会的理念にもとづく権利の実現には、おのずから一定の限界が存することを認めなければならない。」（清宮・憲法Ⅰ（法学全集）四六―七頁）ということになるであろう。

しかし他方では、憲法上の生存権の規定を裏づける法律の制定を俟つまでもなく、憲法のこれらの規定自体から直接に引き出される効果もあることに留意しなければならない。

前にも述べた如く、生存権を成文憲法上、初めて規定したのは一九一九年のワイマール憲法であった。それは「権利」という文言を用いなかったが、その一五一条において、経済生活の秩序は各人をして人間らしい生活を得しめることを目的とし正義の原則に適合することを要するとし、この目的を達するために、健康な住宅の供与（一五五条）労働力の特別保護（一五七条）中産階級の存立の保障（一六四条）労働によって生活する機会の提供（一六三条）などを規定した。これらはいずれも資本制社会においては綱領規定たるを免れず、ドイツの学界もそのように説いた。しかしドイツの一部の学者は、ワイマール憲法の解釈として、これらを単なる綱領規定に終らしめないように、出来得る限りの現実的効果を引き出そうと試みた。例えば、これらの規定の実現を妨げる如き立法や行政措置を違憲と解した如き、その例である、（我妻栄・ニッパーダイ編「ドイツ国憲法に於ける基本権と基本義務」法協五〇巻八号一四八九頁以下参照）。これは、わが国にとっても参考とすべきで、既に二五条について「国が生存権の実現に努力すべき責務に違反して生存権の実現に障害となるような行為をなすときは、その立法も、また無効となり、その処分も違法である」とする有力な学説があり（法学協会・註解日本国憲法上巻(2)四八八頁。なお同書は二七条の労働権についても同様に解すべきものとしている。五二〇頁）、これに従って「もし国民が健康で文化的な最低限度の生活を営むことができないような法令が制定されれば、それは正に憲法違反なのである。」と説く学者もある（後出【1】に対する石川吉右衛門教授の批評、判例研究二巻六号一四九頁なお石井照久教授もこれを認められているように見うけられる。後出【5】に対する同教授の批評参照。）。また下級審の判例であるが、後出【12】の理由中ではこのことが明言されている。（但し実際問題として大きな困難があることは【12】の判例のところで述べる）。

更に、私生活部面においても、これらの規定を実効あらしめる方途があろう。殊に末川博士が「健康で文化的な最低限度の生活を営む権利というような権利は、本来国家がその責任において保障すべき性質のものであって、それ自体としては私人に対して主張し得るものではない。しかし私人相互の間においても、そういう最低限度の生活をおびやかすことは許されぬはずであるから、極度に人の生活を貧困ならしめる如き契約は無効であり、またすでに民事訴訟法でも或る程度は禁止されているように、人の日常生活を破滅におとしいれる差押をする如きは、違法だといわねばならぬ。つまり、公の秩序善良の風俗とか違法とかいうような概念の意味内容は、このような新憲法の規定によって変って来るのである。」（末川博・基本的人権と民法、季刊法律学一号一一頁。新しい公序を確立したと説くものに註解日本国憲法もある。同書上巻(2)四八八頁・五二〇頁）と説かれるのは、私法関係において、これらの憲法の諸規定が殆ど無限の効果を展開する可能性をもつことを指摘されたものとして注目に価する。そしてこのことの実現は、多く今後の判例に期待しなければならぬのである。

今までのところ、憲法二五――二七条に関する判例は、かなり多いが、これに照らして違憲とされたものは一件もない。以下にそれを概観する。

二　憲法二五条一項の法意

一　食糧管理法と憲法二五条一項

憲法二五条一項は、わが法律制度では、初めて認められた生存権を規定したものであるだけに、その解釈乃至適用については先例とせらるべきものがなく、そのために、訴訟においては、いわばテスト・ケース的な意味で種々の角度からこれが主張されたように見受けられる。その中で、最も多く提起された問題の一つに、食糧管理法は憲法二五条一項に違反しないか、という問題がある。そして最高裁判所は、昭和二三年九月に、この種の問題の一たる昭二三（れ）第二〇五号事件において、初めて憲法二五条一項の法意をとりあげ、これに一定の見解を下した。この判例は、爾後にあらわれた憲法二五条関係の種々の判決において引用される基本的な意味をもっているので、それに附された少数意見をも含めて詳細にこれを記しておく必要があると思う。

【1】（事実および上告理由）　事案は食糧管理法違反被告事件で、上告理由は次の如くである。「憲法第二五条は国民の生活権を保障しています。然るに現在の配給食のみを以ては生命を保持し健康を維持し得ないことは曩に某裁判所の裁判官の餓死により、又一ケ月を以て栄養失調に墜いるものであることは某々二名の栄養学者の実験の結果が何れも毎日新聞紙上に公表され其の事実が立証されていまして、国民が此の不足

食糧を購入し之を運搬することは所謂生活権の行使であると信じます。従って之を違法なりとする食糧管理法令の規定は憲法違反であって、憲法第九八条は此の憲法の規定に背反する法令は全部無効なる旨宣明しています。然るに私が自家用の不足食糧を補うため白米一斗玄米二升を購入し、之を運搬するに当り地方長官の許可は許されざるを以て無許可にて運搬したる事実に対し、昭和二三年一月二四日津山区裁判所が懲役四ヶ月並に白米一斗及玄米二升（換価金）没収の判決を為したるは憲法の保障する生活権の否認であり、憲法違反である法令を適用した裁判であって犯罪とならぬものと信じます。」

（判決要旨）　(イ)　「憲法第二五条第一項の法意は、国家は、国民一搬に対して、概括的に、健康で文化的な最低限度の生活を営ましめる責務を負担し、これを国政上の任務とすべきであるとの趣旨であって、この規定により、直接に、個々の国民は、国家に対して具体的、現実的にかかる権利を有するものではない。」

(ロ)　「食糧管理法は、国民全般の福祉のため、できる限りその生活条件を安定せしめるための法律であって、その趣旨は、憲法第二五条の精神に違反しない。」

（判決理由）　「そもそも、人類の歴史において、立憲主義の発達当時に行われた政治思想は、できる限り個人の意思を尊重し、国家をして能う限り個人意思の自由に対し余計な干渉を行わしめまいとすることであった。すなわち、最も少く政治する政府は、最良の政府であるとする思想である。そこで、諸国で制定された憲法の中には、多かれ少かれ個人の自由権的基本人権の保障が定められた。かくて、国民の経済活動は、放任主義の下に活発に自由競争を盛ならしめ、著しい経済的発展を遂げたのである。ところが、その結果は貧富の懸隔を甚だしくし、少数の富者と多数の貧者を生ぜしめ、現代の社会的不公正を引き起すに至った。そこで、かかる社会の現状は、国家をして他面において積極的に諸種の政策を実行せしめる必要を痛感せしめ、ここに現代国家は、制度として新たな積極的関与を試みざるを得ざることになった。これがいわゆる社会的施設及び社会的立法である。さて、憲法第二五条第二項において、「国は、すべての生活部面について、社会福祉、社会保障及び公衆衛生の向上及び増進に努めなければならない」と規定しているのは、前述の社会生活の推移に伴う積極主義の政治である社会的施設の拡充増強に努力すべきことを国家の任務の一つとし宣言したものである。そして、同条第一項は、同様に積極主義の政治として、すべての国民が健康で文化的な最低限度の生活を営み得るよう国政を運営すべきことを国家の責務として宣言したものである。それは、主として社会的立法の制定及びその実施によるべきであるが、かかる生活水準の確保向上もまた国家の任務の一つとせられたのである。すなわち、国家は、国民一般に対して概括的にかかる責務を負担しこれを国政上の任務としたのであるけれども、個々の国民に対して具体的、現実的にかかる義務を有するのではない。言い換えれば、社会的立法及び社会的施設の創造拡充に従って、始めて個々の国民の具体的、現実的の生活権は設定充実せられてゆくのである。されば、上告人が、右憲法の規定から直接に現実的な生活権が保障せられ、不足食糧の購入運搬は生活権の行使であるから、これを違法なりとする食糧管理法の規定は憲法違反であると論ずるのは、同条の誤解に基く論旨であって採用することを得ない。食糧管理法は、国民食糧の確保及び国民経済の安定を図るため、食糧を管理しその需給及び価格の調整並びに配給の統制を行うことを目的とし、この目的を達成するに必要な手段、方法、機構及び組織を定めた法律である。国家経済が、いかなる原因によるを問わず著しく主要食糧の不足を告げる事情にある場合において、若し何等の統制を行わずその獲得を自由取引と自由競争に放任するとすれば、買漁り、買占め、売惜み等によって漸次主食の偏在、雲隠れを来たし、従ってその価格の著しい高騰を招き、遂に大多数の国民は甚しい主要食糧の窮乏に陥るべきことは、識者を待たずして明らかであろう。食糧管理法は、昭和十七年戦時中、戦争の故に主要食糧の不足を来たしたために制定せられたものではあるが、戦後の今日と雖も主食の不足は戦後事情の故になお依然として継続しているから、同法存続の必要は未だ消滅したものと言うことはできない。この点から言うと、同法は、国民全般の福祉のため、能う限りその生活条件を安定せしめるための法律であって、まさに憲法第二五条の趣旨に適合する立法であると言わなければならない。されば、同法を捉えて違憲無効であるとする論旨は、この点においても誤りであることが明らかである。（最判昭二三・九・二九刑集二・一〇・一二三五）。

右の判例は、大体において、既に述べた如き我妻教授を初めとする学界の通説の立場によったと見られるもので、その結論も妥当なものと言えるであろう。ただ、その理由中において「生活権」というかなり曖昧な概念をもち出しているのは、上告理由にひきずられた感がある。判例は「社会的立法及び社会的施設の創造拡充に従って、始めて個々の国民の具体的、現実的の生活権は設定充実せられてゆくのである。」というが、此処にいう「生活権」とは、はたして常に権利といえるであろうか。社会的立法及び社会的施設の創造拡充に従って国民に与えられる利益には、権利ではなくして、いわゆる「法の反射たる利益」と見らるべきものもあるのではないか。むしろその方が多いと見らるべきであろう。そしてこれを権利とするか、法の反射たる利益とするかは、実定法の定めかたに依るのであって、一概には決し得ないと言うべきであろう。そうだとすれば「生活権」という概念をもち出したことは、妥当とは言えないと思う。

ところで、この判決は、憲法二七条一項という新しい分野に関するものだけに、多くの裁判官が少数意見を出しているので、以下にその概要を眺める。

先ず、沢田竹次郎裁判官の意見は、冒頭に「近代国家の憲法が宣言し保障する基本的人権の中には、その権利の内容と国家権力との関係において、対蹠的な二種のものがある。即ちその一種の権利の内容は、国家権力の抑制によって充足されるのに反し、他の種の権利の内容は、国家権力の発動によって充足されるものである。……資本主義を肯定する近代国家では単に国家権力の干渉を排除する自由権的基本権だけを憲法が保障していただけでは、国民の中にはその生存を全くすることのできないものが生ずることのさけられないという見地から、二十世紀に入って制定された憲法には、新に国民の生命の維持とか、生存とかの権利を、宣言し保障する趣旨の規定を見るに至った。日本国憲法第二五条第一項の規定が、この種のものに属していて、その定むる権利の内容は国家権力の干渉を抑制することによって充足される、いわゆる自由権的基本人権の内容とはことなり、国家権力の発動によって充足される国民の生活上の利益であることはいうまでもない。」

と述べているが、ここまでは判決と何等異るところはない。それは、既に述べた我妻教授の見解と全く一致する。同裁判官はこれに続けて

「そして同条第二項に『国はすべての生活部面について、社会福祉、社会保障及び公衆衛生の向上及び増進に努めなければならない』と規定して、国民がその生活上の利益を享受しうるために、国が整備すべき社会的施設の基本綱領を宣言し、これに適合する施設を実施することを国民に保障しているところから考えると、日本国憲法第二五条第一項の権利の内容は、国が施設する各種の公の保険制度、養老年金、授産場、養老院、孤児院、保護収容所のような社会福祉のためのもの、その他公衆衛生、教育及び娯楽等に関する各種の社会的施設によって、国民が享受し得る生活上の利益に過ぎないのであって、個々の国民がその生活に必要であるとする行為なら、どんな行為でも法律命令によって制限禁止又は処罰されないという国家権力に対する自由ではないといわなくてはならぬ。されば、同項の規定は個々の国民が、その生命をつなぐために必要なりとしてする行為であっても、日本国憲法の規定を実施するために又は公共の福祉のために必要である限り、これを禁止、制限又は処罰する趣旨の法律命令を制定することは、国家に対してこれを禁止するもの

ではない。従って国家の制定した法律命令が単に個々の国民がその生命をつなぐに必要なりとしてする行為をも禁止、制限又は処罰することを定めているからといって、右法律命令は同項に違背する無効のものだとはいえない。だから生命を維持するに足らぬ主要食糧の配給量を補うためにこれを購入し運搬する行為は、憲法第二五条第一項の規定で国民に与えられた権利の行使であって、この権利行使を処罰する食糧管理法令の規定は、同条項に違背し無効のものだとの所論は採用することを得ない。」

と述べ、更にこれに引続いて、敗戦後の食糧事情の下においては、食糧管理法が、日本国憲法の規定を実施するためにも亦公共の福祉のためにも必要なものであって、憲法二五条の規定に適合するものであることを縷説されている。このような見解は、根本において、判決に示された多数意見と異なるところはないと見られるが、これが少数意見として立てられた所以は、同裁判官が「憲法二五条一項の権利の内容は各種の社会的施設によって国民が享受し得る生活上の利益に過ぎない」ということ、即ち法律的な意味における権利ではないということを強調し、従って同条からは上告論旨のいうような生存のための行為の自由ということは出てこないことを明らかにしようとされたところにあると見てよいであろう。それはまた、判決が、既に指摘した如き「生活権」という曖昧な概念を用いていることに対する不満とも考えられる。

次に井上登裁判官の意見は

「論旨のいわんとする処は要するに、現今吾国において配給せられて居る食糧丈けでは国民は生活に必要な栄養を取ることが出来ず遂には栄養失調の為め死亡するに至る、それ故食糧の生産手段を有せざる者は生命を維持する為にはどうしても他人から食糧を求めなければならない、然るに食糧管理法及び其付属法令は食物の買入輸送等を禁止して各人が他から食物を取得する途を杜絶するものであるから、結局において国民の生命不可侵を保障する憲法に違反するものであるというに帰着すると思う。……尚論旨では、第二五条の生活権の行使という様な語を使って居るけれども、これも普通にいう生命権とか、自由権とかいう意味で、生命維持の為めにする自由行動といった様な意味であろう(万一そうでなく生命自由等の不可侵の保障以外に第二五条によって国民が食物の買入、運輸の如き直接行為を為す何等かの権利が生ずるものと考えて、それを主張するものであるならば、これ亦殆意味のないものである。第二五条は右の様な国民各人の直接行為に関する規定ではなく、同条から左様な特別の権利が生ずるものとは恐らく何人もいわない処だからである。)

要するに論旨中の『憲法第二五条』『生活権の行使』等の語は、法律家でない被告人が同条第一項を、生命、自由等の不可侵保障の規定と考えて使用した丈けのことで、これ等の用語に拘わらず、論旨の真意は冒頭記載の趣旨と見るべきであろう。論旨をともかくも意味あるものとするには、そう見るの外ないし、又論旨全体を通読すれば其趣旨はわかると思う。其故私は、本判決理由本文の前段は論旨に対する答としては余り必要のないものであると思うし、又必ずしも賛成出来ない処もある。判文後段が論旨に答えるものであるから、これは今少し丁寧に書くべきであると思うし、書き足らぬ点があるとも思う。よって以下此点に付き少し補足して見たい。」

として食糧事情と配給制度について詳論した後「貧富の別なく、公平に国民全般に食物を分配せんとするのが所論法令の目的である。其故此の法令の目的とする処は違憲どころか却て憲法の精神に添うものなのである。」とされ、更に

「しかし、何といっても現在の配給量丈けでは国民は必要な栄養を保ち得ないことは事実であるから、法

の運用に付ては相当留意せざるを得ないものがあることは認めなければならない。……事案によっては、違法性阻却の理論が考えられる場合もあるかも知れない。実際においても運用に付ては相当考慮がはらわれて居るものと見え、吾々の手許（最高裁判所）に来て居るものでは、記録上自己及家族の生活に必要な食糧の為めに、已むを得ざるに出でたものと認むべき様な事案は今の処一つもない。本件においてもそういう証拠は一つも無いのである。所謂悪質の闇屋とか其他自己のみ特別の利分を得んとして国民全般から見て必要とせられて居る統制を乱す様な行為を為す者を罰することが悪い理由はない。法の運用に付ては行政部及司法部の良識に期待する外はない。法自体を違憲なりとし、其一般的不適用を主張する論旨には左袒し難い。（尚無論相違点はあるが、盗罪等に付ても似た様なことが考えられるであろう。財産を所有せず且職を与えられない者は盗でもしなければ生活出来ない場合はないとはいえない。しかし其為め盗罪を罰する刑法の規定が違憲だという者はあるまい。）」

とされるのである。上告理由のいう「生活権」の意義を分析し、それが憲法二五条一項とは何等直接の関係の無いことは自明であるから、判決の前半は不必要だと主張されるわけである。判決の前半に対し「必ずしも賛成出来ない処もある」とされるのは、どの部分であるか明確ではないが、上告理由のいう「生活権」の意義を執ように追求されている処から察すると、矢張り判決が生活権という不明確な概念をもち出していることに不満があるのではなかろうかと思われる。

次に栗山茂裁判官の意見は

「日本国憲法の下で、裁判所による法令の違憲審査は、米国のそれと同様に、事案を処理する必要上やむをえず之を行うものであって、抽象的に或法令が憲法に違反するか否かを審査する制度ではない。従て事案に直接関係がある条項の違憲性に限って審査さるべきことは、違憲審査の原則でなくてはならぬ。けだし、事案に直接関係がある条項の違憲性は常に必しも法令の全体を違憲ならしむるとは限らないものであり、且たとえ上告人が誤って法令全体の違憲性を論旨としても、裁判所としては事案を処理するのに必要な限度に審判をとどめなければ、法令中事案に関係がない他の部分についての判断は、結局抽象的に法令を批判する制度に陥るからである。

多数意見は憲法第二五条の解釈を与えた後に、食糧管理法を判断して『食糧管理法は国民食糧の確保及び国民経済の安定を図るため、食糧を管理しその需給及び価格の調整並びに配給の統制を行うことを目的とし』云々と説き起して『同法は国民全般の福祉のため能う限りその生活条件を安定せしめるための法律であつて、まさに憲法第二五条の趣旨に適合する立法であると言わなければならぬ』と結んでいる。然るに本事案を見ると、原判決はその理由中『被告人の判示所為は食糧管理法第九条第三一条同法施行令第一一条の五同法施行規則第二三条の七に該当する』として科刑したのに対して被告人は上告したのである。……従て当裁判所として本件上告を審判するには、前記適用条項の違憲性について論旨を判断すべきものである。なる程、結果から見れば、多数意見は『食糧管理法は、まさに憲法第二五条の趣旨に適合する立法であると言わなければならぬ』と判断しているから、よいようではあるが、同一論法でゆくとして、仮りに憲法第二五条の趣旨に適合しないと言うことになったとすれば、何の為めに食糧管理法の全般（同法中罰則以外は第九条のみが本事案に関係があるので、価格の調整、配給の統制等に関する条項は関係がないのである。）に亘って適合しないと判断しなければならないか。違憲の場合だけは当該条項のみについて判断し、適憲の場合は全体について判断するということは出来ない。かような判断の仕方は裁判所が違憲審査に関する権限をこえて、両院がなすべき判断をするのと同様であって、第三院と化せんとするものである。裁判所が権利拘束が生じた事案の処理以上若くは以外に及ぶ立法に関してする判断は、事案に適用される条項に関する法律的判断ではなくして、立法それ自体の価値判断に帰するのである。国会は公共の福祉を拡充向上するため一つの政策を建て、（社会政策、経済政策もその一つである）之を実行に移すために立法する。この立法即ち政策の価値判断は政治それ自体の批判であって、かかる価値判断には裁判所がよるべき法律上の規準がないのは明である……。多数意見の食糧管理法に関する判断を見ると、同法の目的と内容を述べ、食糧統制の必要を論じているのであって、つまり国会で提案されるときに、立法理由を説明しているのと同様な立場に裁判所が置かれていると錯覚しているのである。即ち立法府と同じく政策の判断ができると錯覚しているといえる。」

とし、なお参考として一九三四年米国最高裁判所が下したニューヨーク州物価統制法違反事件の判決（ネビヤ対ニューヨーク州事件、291 u. s. 502）の中で「立法府が採った政策の是非、その政策を実行するために制定した法律の妥当性乃至実用性を審査することは裁判所の権限でもなければ又許されていないところである。当裁判所の判決の行き方は、これらの原則が堅持されていることを示している。」と述べている部分などを援用して、自説を強調されている。この意見は洵に尤もであって、一般論としては正しいと言わねばならない。しかし本件の食糧管理法の如く、主食の統制という極めて限定された事項に対する一定方向の拘束を規定した法に対しては、その法の一般的な基本方針が違憲であると考えられる場合もあるわけであり、上告論旨はそれを問題としているとも見られるのであるから、判決が理由中において、食糧管理法を一体としてその違憲性を論ずることも、あながち不当とは言えないであろう。（後述の本件判決についての石川教授の批評参照。本書一七一頁）。また判決が立法政策の是非を真正面からとりあげて論ずることは許さるべきではないが、本件判決全体を通読してみると、本件がそれに当ると解するのは必ずしも適当ではないと思う。なお、同裁判官の憲法二五条一項に関する見解は

「憲法第二五条は、社会立法に関して立法府に与えられた基準又は尺度である……労働基準法の条項（同法一条及び一三条を指す――筆者註）のようなのは、まさに憲法二五条の指針に答えたものである。等しく公共の福祉を目的とするものではあるが、食糧の管理、物価の統制、独占の禁止というような個人の経済活動を制限する法規は、憲法第二九条第二項、憲法第三一条等によって支配されるもので、社会立法による保護助成を目的とする憲法第二五条によって支配さるべきものではないのである。」

というのであって、結局、憲法二五条は本事案には全然関係がなく、従って「論旨は食糧政策に対する攻撃であり、的なきに矢を放つもので上告適法の理由とはならないものである。」とされ、本事案の却下を主張されるようである。

最後に斎藤悠輔裁判官の意見は先ず

「憲法第二五条第一項の規定は、国民がいわゆる受益権の一種、言い換えれば国家から或る積極的な利益を受けることを内容とする一種の基本的人権を有することを規定したもので、消極的に国家から干渉乃至圧迫を受けることのない自由権的基本人権のあることを定めたものではない。すなわち同条項の趣旨とするところは、国家が自力を以て生活を営むことのできない国民の何人に対してもその生活を保障せんとするもので、かかる自力を以て生活を営むことのできない国民は、健康で文化的な最低限度の生活を営むにつき積極的に国家の保護を要求し得る基本的な権利あることを規定したものと解すべきである。」

として、憲法二五条一項を受益権の一種と規定されるが、しかし

「憲法第二五条第一項の生活権は……すべての国民が当然無条件で自己の必要とする生活上の保護を国家に求め得る権利とも解すべきではない。それは国民として正当に自活のできない、言い換えれば法律その他の立法で定める資格条件に該当する生活のできない国民が法定の手続に従って国家に対し相当な生活保護を

求め得る基本的な権利であると言わねばならぬ。それ故、右憲法規定を解して、政府において当然無条件ですべての国民に対し各自の生命を保持し、健康を維持するに必要な食糧を配給すべき法律上の義務を認めた趣旨の規定であるとする論、又は国民各自は当然不足食糧を自由に購入運搬する権利あることを認めた規定であって、これを違法とする法律は違憲で無効であるとの論は、いずれも誤りであるといわねばならぬ。」

とされ、なおこれに引き続いて、食糧管理法について詳しく論じた後、それが違憲のものではないこと、及び本件については、真に止むを得ない緊急状態若しくは具体的な違法阻却の事由のあったことの主張並びに立証のないこと、を明らかにして上告論旨は是認し得ないと結論している。

以上のようにして本事案は、関与した裁判官十三名のうち、四名が少数意見を立てるという状態の下に結局上告棄却となった。そして憲法学の多くの書物は、大体において憲法二五条一項をもって、国民の具体的・現実的権利を定めたものではないとする本件判旨を容認している。（例えば法学協会・註解日本国憲法上巻(2)四八八頁、宮沢・日本国憲法コンメンタール二六五頁。）しかし、具体的な事案そのものに対する判決としてみるとき、小野清一郎教授の次のような批判があることに留意すべきである。小野教授は、「理論的には、『権利』『義務』という語が或るときは理念的・自然法的な意味に用いられ、或るときは法律制度的・実定法的な意味に用いられることをはっきり認識することが重要である。前者としても歴史的社会的に或る具体性と現実性とをもつものでなければならないが、法律的実定法的な制度に対する関係においては抽象的、観念的である。他面、法律的実定法的な権利又は義務も、全く特殊の場合、特定の事件における権利、義務に対してはなほ抽象的、観念的である。抽象的とか具体的とかいうことも相対的なものである。」とされた後、更に「ところで、本件の具体的な事案としては、食糧管理法が違憲な立法であるかどうかは、なお抽象的な問題である。勿論、それが違憲であるとすれば、それを適用して被告人を処罰することはできないわけである。しかし、違憲でないというだけでは問題は解消しない。」とされ、「食糧管理法による配給食糧のみでは生命を保持し、健康を維持することができない場合に、自家用の不足食糧を補うために少量の米を購入し運搬することが果して許されないことなのであろうか。食糧管理法の規定からいえば、それは許されないことであろう。しかし、それは抽象的な法規の上でのことである。具体的な被告人の行為の違法性が緊急状態の理由によって阻却されるものではないだろうか。」という問題を提起し、「これは……憲法でいうなら、二五条の生存権よりも、むしろ同法一三条の生命尊重の原理の問題である。私は、若し被告人の行為が実際に自己および家族の生命を保持するために緊急已むを得ざる行為であったとしたら、これを処罰することはできないとおもう。」と断ぜられ、「本件被告人の上告趣意書は、食糧管理法そのものの憲法違反を主張するに急であって、この大事な点に触れていない。それで最高裁判所の多数意見もそのことだけに力を入れているが、いずれも本件における問題の核心を逸している。井上裁判官、栗山裁判官、斎藤裁判官の意見は、それぞれこれを補充しようとしたものである。なかんづく斎藤裁判官の意見が最もはっきりしている。全くのところ本件被告人の行為が果して緊急已むを得ざる行為であったかどうかは、与えられた資料からは判断できない。白米一斗、玄米二升を買って、自宅に持ち帰るところであったというから、おそらくそれは自家用の目的であったであろう。そうとすれば、懲役四月の科刑はどうかとおもわれるが、それも今は問題外である。」と述べられている（小野・食糧管理法と憲法二五条、刑事判例評釈集九巻三六一頁）。

右の小野教授の見解においては、憲法二五条一項の法意についての判決の所見には、大して異論をさしはさまれていないように思われる。同教授は、憲法二五条の権利は抽象的権利であって、法律制度的・実定法的な意味の権利ではない、とされるものの如くであるが、それは判決の言う「具体的・現実的権利ではない」という見地と一致すると考えられるからである。ただ、同教授は本件における問題の主眼点を緊急状態の有無に移行され、判決を評して「問題の核心を逸している」とされるのであるが、これは、本件判決理由の末尾に「等しく食糧管理法違反事件と言っても、その犯罪の内容実体は極めて多種多様である。その犯情が同情すべき場合においては、……裁判所においても、或は刑を軽減し、或は刑の執行猶予を言い渡し、或は特殊な事情の下に行われた場合には刑を免除し又は犯罪の不成立を認めることもあるであろう。と同時に犯罪が悪質と認められる場合においては、厳しき処罰をなすであろう。これらは、何れも事実審において、それぞれ各事案に即して適当に裁量判定せらるべきものである。」と書きしるした本件裁判官諸氏にとっては、幾分か首肯し難い評言ではなかろうかと思う。

また本件判決に対する石川吉右衛門教授の批評は、「本件判旨は学界の通説に従っているが、その通説は生存権的基本権が受益権ではないという点を強調するものであって、生存権的基本権と自由権との差異に関していうところはない。」とされ、しかし「通説の論旨をつきつめれば、生存権的基本権と自由権との間には、それらの法的効力に関しては、何らの差異もないということになると考える。」「生存権的基本権においては、国は国民がその権利を行使するのを妨げてはならないと同時に、国民がその権利を充分に行使できるように積極的な施策をすべき政治的な義務を負っているのである。しかし、その義務はあくまで政治的なものである。故に、純法律的には、自由権においても生存権的基本権においても、国は国民がその自由又は権利を享受するのを妨げてはならないという法律的な義務を負っているのであり、また、それだけなのである。」と説き、「判旨は、右の政治的な義務の点だけを説いているのであって、その法的性質を明らかにしていない。純法律的には、憲法二五条の生存権は自由権と異らない。」として、前に引用した如き結論（本書一五六頁参照）を記されている。その結論には賛成であるが、この批評はいわゆる「通説」の理解の仕方に問題があり、また判旨に対してやや酷とも言えるであろう。判旨は、二五条一項にいう権利は個々の国民に与えられた具体的権利ではないという点で、その法的性質に一定の見解を示しているといえよう。そして同条項が国民の具体的権利を規定したものではないにも拘らず、同条項の趣旨に反する国の立法や処分を同条項に反する違憲のものと解することは、まさに、国民の具体的な権利を規定していない同条項を、何ほどか実効あらしめようとする別個の角度からの考察の帰結として出てくると言えるであろう。なお同教授は栗山判事の「違憲訴訟については関係条項だけを判断すべきだ」との少数意見を正しいとされ、ただ「本件の場合関係条項は食糧管理法全体との関連において始めて意味をもってくるのだから、判旨の言葉はやや足らないところもあるが、敢えて責めるに及ぶまい」とされる（判例研究二巻六号一四九頁）。

右の判決が出た後、最高裁判所は、この判決を引用し乍ら多数の食糧管理法違反事件に対し、同趣旨の判決をしている。筆者の目に触れただけでも、昭和二三年(れ)三八六号（昭二三・一〇・二判決）、同年(れ)四〇〇号（昭二三・一二・一判決）、昭和二三年(れ)三四一号（昭二三・一二・二二判決）、昭和二三年(れ)八九七号（昭二三・一二・二四判決）、同年(れ)九一四号（昭二四・一・一一判決）、同年(れ)一二三九号（昭二四・二・一五判決）、昭和二四年(れ)一九七八号（昭二四・二・一五判決）、同年(れ)二二四四号（昭二四・二・二六判決）、昭和二六年(れ)二〇二〇号（昭二七・一・八判決）、同年(あ)一五一五事件（昭二七・三・一八判決）、昭和二九年(あ)四〇一七号（昭三一・一二・三〇判決）などがある。右のうち、一・二について事実関係を示せば、昭和二六年(れ)二〇二〇号は、カザリン台風によって破壊せられた釜石・宮古間の山田線を緊急工事によって復旧するに際し、これを一刻も早く完遂する必要上、人夫に与える米を買入れた事件であり（ジュリスト六号四一頁）、同年(あ)一五一五号は、被告人に対する供出割当の通知は被告人とその家族の生存を不可能とするような苛酷なものであって、憲法二五条一項に違反する、と主張した事件である（ジュリスト一一号三〇頁）。

右のほかにも、

【2】（上告理由）　食糧管理法が自家消費の些少な食糧移動をも処罰しているのは、憲法二五条に違反するとして上告した事件。

（判旨）　「食糧管理法が自家消費の為のみにする主要食糧の移動であっても法定の除外事由がない限りこれを処罰すべきものと定めているからといって、同法をとらえて憲法二五条の規定に違反するものといえないことは当裁判所の判例（昭和二三年(れ)第二〇五号同年九月二九日大法廷判決）の趣旨とするところである。」（最判昭二五・七・一三刑集四・七・一三三五）。

【3】（事実）　村農会会長が、村内居住者の最低限度の生活を維持するため、自らの保管に属する国及び

県食糧営団の所有米を村民に売渡し、業務上横領に問われた事件。

（判旨）「憲法第二五条第一項の法意は、国家は国民一般に対し、概括的に健康で文化的な最低限度の生活を営ましめる責務を負担し、これを国政上の任務とすべきであるとの趣旨であって、此規定により直接に個々の国民は国家に対し、具体的現実的にかかる権利を有するものではない。（昭和二三年（れ）第二〇五号昭和二三年九月二九日大法廷判決参照）従って最低限度の生活を維持する為めには、国及び県食糧営団の権利を排除してほしいままに之れを処分しても罪とならないという理由は、同条の解釈からは出てこない。」（最判昭二四・六・二九刑集三・七・一一三五）。

という判決があるが、いずれも正当であること言うまでもない。

なお、食糧管理法違反事件で、以上の諸事件と多少角度の異った点から同法の違憲を問題としたものに、次の如きものがある。

【4】（事実および上告理由）　米子市役所に嘱託した食糧配給実量の調査、および右の配給数量による生活をなすときは生を維持し得らるるや否や又は栄養失調により死に至るや否や、についての米子医学専門学校の専門医師の鑑定を具して、食糧管理法第二条以下第三〇条までの規定では、同法第一条の目的の運用に相当する規定がないため、憲法第二五条にいう健康で文化的な最低限度の生活を営む権利を擁護することができないから同法は憲法違反である、と主張した事件。

（判旨）「国民中食糧生産者は、この法律（食糧管理法を指す—筆者註）によって直接その生命又は生活を害せられることなく、また、一般消費者は、この法律によって寧ろその生命又は生活を保障せられるのであるから、同法は憲法第二五条所定の生活権を害するものではなく、寧ろこれを擁護する立法であるといわねばならぬ。……仮りに食糧管理法の規定では、同法の目的達成に相当でなく、従って憲法第二五条所定の生活権を擁護するに充分でないとしても、かかる主張は、立法不備の非難たるに止まり、現存する食糧管理法をして、その目的を同じくする憲法第二五条の規定に牴触せしめ、惹いて、その条規に適合しない違憲立法たらしめる理由となるものでないこと……多言を要しないところである。」(最判昭二三・一二・八刑集二・一三・一七一)。

この判決は、食糧管理法が憲法二五条一項と目的を同じくしているという主張の上に立ち、且つそのことのために両者の間に牴触関係が存し得ないという結論を引き出しているのであって、その論述に、多少論理の通らない憾みがあり、食糧管理法第二条以下第三〇条までを違憲と主張する上告人にとって、納得のいかない点があろう。ある法律の目的が憲法に違反しないからといって、その個々の条規が必ずしもすべて合憲的であるとは言えない。上告人としては、食糧管理法の目的を規定した第一条は合憲的であるが、第二条以下の規定はその目的を実現し得ないものであるから、違憲であると主張しているのである。本件判決の結論は、もとより正当であるが、その理由付けに幾分の疑問をいだかざるを得ない。

この判決についての伊達秋雄氏の評釈は前出【1】についての小野教授の評釈を引用するのみで、多く語られていない(刑事判例評釈一〇巻二〇六頁)。

以上に見た如く食糧管理法を憲法二五条一項に違反するとした数多くの事件について、判例はすべてその合憲性を結論している。そしてそれは法律論としては容認せらるべきものであろう。ただ、食糧管理法は、生産者に対しても、消費者に対しても、ぎりぎりの食生活を強い、国民に対して絶大な苦痛を与える一面をもつことは否定し難い事実であるから、同法違反に問われた被告人の側から、同法の憲法二五条一項違反が主張されたこともっともな点があるといえよう。この観点から言えば、判決のうち、理由中において、いわゆる悪質の違反のみが罰せられることを暗示しているものがあることは、当を得ていると言わねばならぬ。また最高裁判所が、「供出割当数量が実収高以上であった場合には、実収高を越える部分については、供出違反罪は成立しない。」(最判昭二六・七・一八刑集五・八・一四六五)として原審判決を破棄差戻した事例が一件あることを附記しておきたいと思う。

二　その他の法令または行政行為と憲法二五条一項

食糧管理法以外においても、その他の経済統制法を始め、以下に掲げる如き種々の法令や行政行為が憲法二五条一項に違反すると主張した事件がある。概略的に言ってそれらの理由はいずれも根拠にとぼしく、中には、驚ろくべきこじつけと見られるものもある。

(一)　臨時物資需給調整法

【5】(事実および上告理由)　火災により家屋を焼失した者が許可を得ずに新築して処罰された事件で、原審では臨時物資需給調整法の目的は憲法二五条一項に合致するとして上告人の違憲論を一蹴した。上告理由は「しかし目的が如何に是なりと雖も其運用の結果に於て国民を悲惨なる運命に導くものは、憲法に所謂生活権を保障したる其の趣旨に反するものである。……斯る残酷なる法律は洋の東西、時の古今を問わず、稀に見る悪法の存在である。人権を尊重し、正義を基礎とし、生活権を保障する憲法の精神に照し、斯る法律は形式に法律たるの存在を備えて居ったとしても無効のものである。」というのである。

(判旨)「憲法第二五条第一項の法意については既に当裁判所の判例(昭和二三年(れ)第二〇五号、同年九月二九日判決)が示す通りであって、たとえ、具体的、現実的の場合において所論の如き不都合を生ずる虞れがあるとしても、その為に直ちに臨時物資需給調整法が違憲であるとは言えない。」（最判昭二五・七・七刑集四・七・一二二二）。

臨時物資需給調整法は、終戦後の物資が極端に不足した時代の臨時的法であって、この法によれば、本件被告人の如く、火災で家屋が全焼した場合にも許可なしには之を新築し得ないこととなっていたので、本件の如き主張がなされたのである。この判決に対しては石井照久教授の「判旨の結論は正当だが、判示内容は不親切で、上告理由に対し理由を示さない判示である」とする批評がある。同教授によれば、上告論旨は、憲法二五条により国民に具体的な生存権があると主張しているのではなく、その運用いかんによっては国民の生存を危くするような法律は、国民に生存権を保障する憲法の精神に照し無効である、と主張しているのであるから、憲法二五条一項は国民の具体的権利を規定したものではないという先例を引用するだけでは不充分で、本件判旨としては、よろしく、戦後における建築資材の不足に鑑み、国民に公平かつ平均的に建築資材を活用せしめるために、一定坪数以上の家屋につき建築許可制度を採ることがまさしく憲法二五条一項の趣旨に適合することを説くべきであったとされるのである（判例研究四巻一号二四二頁）。この批評はまことに適切であると言わねばならぬ。なお、同教授がこの批判の中で「憲法第二五条第一項の法意が判旨の引用する先例の通りであっても、その運用において当然に国民の生存を危くするような結果を生ずる法律は、国民の生存権に対する不当な侵害として無効とされる余地がある。」と述べられているのは、既に記した如き憲法二五条一項を実効的ならしめる解釈を認められるものとして注目さるべきである。

（二）　物価統制令

【6】（上告理由）　物価統制令は「守れば健康を保つことが出来ないことは勿論、生命すら全うすることの出来ない法律」であるから憲法に違反すると主張した事件。

（判旨）　「所論は物価統制令は憲法違反の法令であると主張するのであるが、憲法の如何なる条項に違反するかにつき明確な主張がない。しかし所論の全趣旨から勘案すると、右は憲法二五条違反を主張するものと解される。しかるに、憲法二五条の法意は、その第一項は国家は国民一般に対して概括的に健康で文化的な最低限度の生活を営ましめる義務を負担し、これを国政の任務とすべきであること、第二項は国家はすべての生活部面について社会福祉、社会保障及び公衆衛生の向上並びに増進のため、かかる社会的施設の拡充増進に努力すべきであることを各宣言した趣旨と解すべきものである（昭和二三年(れ)第二〇五号同年九月二九日判決参照）。飜って所論物価統制令の立法目的はその第一条に明示するとおりであり、その他の各条はこの目的達成のための具体的方法的事項を規定しているものであるから、同令はむしろ右憲法二五条の要請に適合する立法といわねばならない。そして、もの事には利弊の両面が随伴することは数の免れないところであるから、たとい同例施行の実際面において、仮に所論のような不都合な事態があるからといって、そのため直ちに同令をもって違憲の立法であるとは断ずることはできないのである。」（最判昭二六・七・六刑集五・八・一三九五）。

また、ほぼ同種の事案に対し、次の判決がある。

【7】「憲法二五条は、国に対し、すべて国民が健康で文化的な最低限度の生活を営みうるよう、すべての生活部面について配慮すべき責務を認めたものであり、また、物価統制令は、終戦後の事態に対処し、物価の安定を確保し、以て社会経済秩序を維持し国民生活の安定を図るを目的として制定された法令であって、同令は、憲法二五条の精神に反するところはない。」（最判昭二六・一二・五刑集五・一三・二四七一）。

物価統制令も食糧管理法と同性質の経済統制法であり、以上の二種の判決が同令を合憲としたのはもとより正当である。なお【7】の判決について栗山茂裁判官は、前出【1】の判決に対して同氏が附されたと同趣旨の少数意見を出し、「いかに上告人が漫然物価統制令が憲法二五条の精神に反すると強弁したからといって、裁判所としては物価統制令の条規の違憲性の判断については、本事案の処理だけに止むべきものであって、本事案に関係がない、例えば同令三四条、三七条とその関係条規の如きは明らかに分離して判断しうるのである。かりに物価統制令を違憲であると判断しても、本件と関連性のない条規の適憲性には既判力が及ばないはずである。かかる判断は違憲審査の行過ぎであって賛成できない。」とされている。しかしこれには【1】で述べたと同じことが言えよう。

下級審でも物価統制令違反事件は多いようであるが、その中で、公定価格があまりにも低廉で違憲である、と主張した次のような事件がある。

【8】（事実および控訴理由）「憲法第二五条に依れば吾人は生存権を保証せられている。然るに煮干いわしの公定価格は全く社会の実状から遊離し一級品百匁に付金三二円（卸値）未検査品は百匁に付金一二円七〇銭に過ぎず之を強行することは煮干いわしの生産を専業とする判示組合員をしてその最低生活を営むことを不可能ならしめる。即ち人の生存権をおびやかすもので憲法違反の法律である。」

（判旨）「現行の統制額が煮干いわしの生産者の生存を脅かす程度に低廉であるとは認められないから、論旨は理由がない。」（高松高判昭二四・一一・一特一・三五二）。

右の判旨は結論において正当とさるべきであるが、その理由付けは、控訴人の主張に対して相当不親切なものという批判をまぬがれないだろう。矢張り物価統制は生産者の立場のみならず、消費者の立場を考え、国民生活全体の安定を期したものであることを説示し、他方において憲法二五条一項の法意を説いて、物価統制令の違憲でないことを明らかにすべきである。

（三）　経済関係罰則の整備に関する法律　右について次の判決がある。

【9】　「経済関係罰則の整備に関する法律が憲法第二五条に反するものでないことは当裁判所昭和二三年（れ）第二〇五号同年九月二九日判決の趣旨に徴して明らかである。」（最判昭二七・一・二二（昭二六（れ）一六四〇号））。

判旨は言うまでもなく正当とさるべきである。

（四）　自作農創設特別措置法による農地買収　下級審の判例であるが、自作農創設特別措置法による農地買収に対して、右買収により文化的な最低限度の生活を営む権利が奪われ、不当に財産権が侵害される結果になるから、右買収は憲法二五条および二九条に違反すると主張した事件に対し、

【10】　「農地が、自作農創設特別措置法により、適法に買収の対象となり、しかも右買収によって農地所有者の生活の道を全く絶たしめるような特別の事情がない場合には、農地買収は、憲法第二五条第二九条に違反しない。」（福島地判昭二三・一一・五行裁月報一〇号二八頁）。

という判決がある。これは極めて困難な論点を含む問題であり、買収対価が憲法二九条三項にいう「正当な補償」に当るかどうかの問題とも関連するが、論旨は正当という外はないであろう。

（五）　昭和二三年政令二〇一号

【11】　（事実）　昭和二三年政令二〇一号が公務員の争議行為を制限したのを、憲法二五条一項違反として上告した事件。

（判旨）　「憲法二五条一項は、すべての国民が健康で文化的な最低限度の生活を営み得るよう国政を運営すべきことを国家の責務として宣言したものである（昭和二三年（れ）第二〇五号、同年九月二九日判決）。

公務員がその争議行為を禁止されたからとて、その当然の結果として健康で文化的な最低限度の生活を営むことができなくなるというわけのものではないから、本件政令が憲法二五条に違反するという主張も採用し難い。」（最判昭二八・四・八刑集七・四・七七五）。

本件については、寧ろ憲法二八条との間に、より直接的な関係があると言わねばならない。判旨は正当であろう。

(六)　行政機関職員定員法　右に関し、下級審であるが次の如き判決がある。注目すべき論点を含んでいると思われるので掲記する。

【12】（事実）　定員法は被免職者を餓死に追いやりその最低生活権をじゅうりんするものであるから、憲法に違反し無効であると主張した事件。

（判旨）　憲法第二五条にいわゆる最低生活権なるものは、国民各自に対し直接国家にたいする最低生活の保障を請求する権利を与えたものでないことは勿論であるが、さりとて同条をもって単に国民各自の生存の自由を保障するものと解したり、又は国家の政治的理想の宣言をなすに止まるものと考えることも又誤りである。同条は国家に対し、国家的立場から国民の生活の維持向上につき周到な配慮を加うべき責務を課したものと解釈するを相当とする。従って、もし国家がこの責務に違反し立法又は行政処分により不当に国民の最低生活を不可能ならしめるような行為に出た場合には、右行為は憲法に違反し無効と解すべきこと、かの自由権的基本的人権の侵害の場合と同様であろう。そこで本件定員法の規定が右の如き意味で憲法第二五条に違反するかどうかの点を考えてみる。右定員法により免職された被整理者の多くが就職難の深刻なこんにち街頭に投げ出されて生活上多大の困苦を味ったことはこれを想像するに難くないが、しかし一方、今次の行政整理は、当時破局的に進行しつつあった戦後のインフレーションの進行を阻止し、我国の経済再建をはかる措置として政府のとりつつあった均衡財政政策の一環としてなされたものであることを看過してはならない。単なる理論の問題としては或は日本経済の再建の方策として、行政整理を必要としない他の方途もあり得たかも知れないが、右の均衡財政政策は連合国軍最高司令部のしょうようにかかるところのいわゆる経済九原則にもとづくものであり、昭和二四年度予算はかかる行政整理を予想して既に均衡予算として成立しており、これを変更することは事実上甚だ困難だったし、又日本が政治的には連合国軍最高司令官の権力下に服しており、経済的にも対日援助その他の措置を通じて連合国の一国に全く依存しておったことを考え合せると、当時の政府が経済再建につき均衡財政政策をとり、行政整理の方途を選んだことも誠に巳むを得ないところと言わねばならない。……当時の内外の情勢として政府に対しこれ以上の対策を期待することは不可能であり、右政府の措置をもって憲法に違反するとなすことは明かに不当である。」(名古屋地判昭二六・四・二八行裁例集二・六・九二五)。

右判決においては、憲法二五条一項の法意は極めて的確に示されており、殊に前にも述べた如く「もし国家がこの責務に違反し立法又は行政処分により不当に国民の最低生活を不可能ならしめるような行為に出た場合には、右行為は憲法に違反し無効である。」と明言している点は、注目すべきである。ただ、この理論的には疑もなく正当な解釈が、実際問題に当てはめられ事態を判定する段階になると、かなり困難な場面に逢着する場合があることを、この判決が示しているように思われる。即ちこの判決の後段は、いわゆる法律問題をはなれて、政府の政策の当否を判定するような立場に追い込まれている感が深い。違憲審査については、それが本質的に或程度の政治的性格をもつと考えられるだけに、却って政治的政策の是否の論にまき込まれるようなことのないように、細心の注意が肝要であろう。この判決を読むと【1】で栗山茂裁判官が少数意見を出された際に引用されたアメリカ最高裁判所の判決に「立法府が採った政策の是非を審査することは裁判所の権限ではない」とある立場に、相当相反するものがあるように思われるのである。

なお、これと事案の類似したものに次の如き判決がある。

【13】「憲法第二五条は国民の生活権を、又同第二七条は国民の勤労権を、それぞれ規定しているが、これらの規定は国民個々人に対し具体的な請求権を認め、国に対しこれに対応する具体的な義務を負わしめたものではなく単に国に対し政治の一般方針として、国民が健康で文化的な最低限度の生活を営みうるよう、又できうる限り就労の機会を与えらるるよう適宜の施策を講ずべき旨を宣言したに止まり、雇用者が使用主に対し解雇権の発動を阻止しうるが如き具体的な権利を保障したものではない。従って定員法付則第七項が国鉄職員の定員を定め、同付則第八項がこれを受けて右定員を超過する員数の職員をその意に反して降職し又は免職しうることを規定しても、同規定が憲法二五条及び二七条に違反するものということはできない。」(東京地判昭二四・八・八昭二四(ヨ)一五九〇号裁時四〇号二頁)。

なお又その他に、非常勤職員について国家公務員法中の身分保障的規定の適用を排除している昭和二四年五月人事院規則八—七「非常勤職員の任用」について、それが憲法二五条に反しない旨を判示した下級審の判決(福井地判昭二七・九・六行裁例集三・九・一八二三)がある。いずれも判旨の結論は正当とさるべきであろう。

その他特殊な事例について憲法二五条一項違反を問題としたものに、次の(七)乃至(一二)に掲げるものがある。

(七)　文化運動としての演劇に対する入場税の賦課

【14】「本件前進座の演劇が、所論のように日本共産党の文化運動であり、演劇運動であり、広義の政治

活動であって、営利の目的がなかったとしても、昭和二三年七月七日法律第一一〇号地方税法第一三条、第一四条に徴すれば、同法においては、演劇等の催物が営利を目的とするものかどうかを全然区別することなく、いやしくも入場料金を徴収するものである以上、その入場は入場税課税の対象となるものであることが明らかであり、又このことは憲法第二五条第一項の規定する国民の健康で文化的な最低限度の生活を営む権利を犯すものではない。」（東京高判昭二七・四・一七刑集五・五・六五四）。

（八）特別都市計画法に基づく建物除去命令の代執行

【15】（事実）戦後、戦災をうけた市町村の都市計画について特別に定められた特別都市計画法に基づいて、建物除却命令の代執行をうけた者がこれを憲法二五条一項違反として行政代執行の停止を申請した事件。

（判旨）「建物除却命令の代執行により、その建物に居住して営業をしていた者の営業の継続が不可能となるとしても、施行者がこの者の居住用地として無償貸与するため他の場所に土地を購入し、他方その営業についても適当な対策を考究中であることがうかがわれる場合においては、右代執行をもって憲法第二五条により保障せられた生活権を侵害する違憲の処分ということはできない。」（長崎地決昭二七・九・三〇行裁例集三・九・一八九三）。

（九）自転車競技法

【16】（事実および上告理由）自転車競技法一四条二号により処罰されたのに対し、「賭博行為の国民の健全な文化的生活を脅威し、社会福祉に有害なことはこれ亦論を俟たぬ。……畢竟自転車競技法は一時の方便のため国民の厳粛な信託に背いて立法されたものであって、明らかに憲法第二五条等に背反する所謂違憲立法である。果して然らば原審は違憲法律に依って被告人等を処罰したものとの譏を免れない。」として上告した事件。

（判旨）「自転車競技法第一四条第二号（昭和二七年法律第二二〇号による改正前のもの）の規定は違憲

でない。」（最判昭二九・四・六刑集八・四・四〇五）。

（一〇）　酒税法

【17】（上告理由）「酒税法は、国民の生活必需品である酒の造石高を極度に制限し、又戦前に比し二二五〇倍を超える高率の税を課していて、国民の最低限度の生活を営む権利を侵害するものであるから、憲法第二五条第一項に違反する無効の法律である。」

（判旨）昭和二三年(れ)第二〇五号（同年九月二九日判決）を引用して憲法二五条一項の法意を示した後「酒税法の規定はこれに違反せず」とする（最判昭二四・五・一四昭二三年(れ)一七七九号）。

（一一）　麻薬取締法

【18】（判旨）㈠において「麻薬取締法三条一項本文は但書と対照して考えれば、麻薬取扱者でない者が自己の身体に施用するために麻薬を所持することも禁止したものと解すべきである。」とし、㈡において、昭和二三年(れ)第二〇五号（同年九月二九日判決）を引用して憲法二五条一項の法意を示した後、「麻薬取締法三条一項本文の規定がこれに違反しないことは明らかである。」とする（最判昭二八・六・一九ジュリスト四〇巻五二頁）。

（一二）　商標法

商標権の侵害を処罰することを定めた商標法の規定を、憲法二五条違反と主張した事件について次の判決がある。

【19】「商標法第三四条第一号、第三号の規定は憲法第二五条に違反しない。」（最判昭二九・八・三一昭二八年(あ)六六四号）。

以上の【14】乃至【19】の各判決は、いずれも判旨当然で、格別言うべきことはない。

三　最低限度の生活を維持するための犯罪と憲法二五条一項

犯罪が、生活困窮者により最低限度の生活を維持するために行われたという理由で、これを処罰することは憲法二五条一項違反であると主張した事件が若干ある。全く憲法二五条を理解しない上告論旨であるが、これに対し最高裁判所は

【20】「被告人が最低限度の生活を維持する為めであるからとて、原判決において認定したような犯罪構成要件を具備した行為をなしても罪とならないという理由は、憲法第二五条の解釈からは出てこない。」（最判昭二四・六・二八昭二四年(れ)一八八〇号）。

【21】「仮りに所論の如くその犯行の動機が失業中最低限度の生活を維持するためであり、またその犯行の態様が如何に小規模であったとしても、それだけでは原審が……所定刑の範囲内で被告人に対し懲役六月及び罰金二万円の刑を併科し、執行猶予の言渡をしなかったことを目して前記憲法の条項（憲法二五条一項を指す―筆者註）に違反するものとはいい得ない。」（最判昭二六・一二・二〇昭二六(れ)二二四〇号ジュリスト五号三七頁）。

というように判示している。なおこれに関連して、次のような、殆んど常識を疑われる上告理由を申立てている事件もある。

【22】（上告理由）被告人は戦争未亡人の孤独の女で且つ職業を失って生活に窮している者であるが、裁判所はかかる者に対しては憲法二五条一項の精神に遵って最低限度の生活を営む権利を行使しうるよう注意と指導を与える義務があり、具体的には民生委員に依る救助の道があることを指示すべきである。然るに一・二審ともこのことがないのは、憲法二五条を遵守する熱意のないことを示す。」

（判旨）「憲法第二五条第一項は、裁判所が事件を審判するについて、戦争未亡人で生活困窮の状態にある被告人に対し、民生委員に申し出で生活保護を受ける道のあることを指示すべき義務のあることを認めたものとは解されない。」（最判昭二五・一二・二二刑集四・一三・二八七七）。

右の判決に対しては石川吉右衛門教授の「判旨極めて当然」とされる批評がある(判例研究四巻二号二六二頁)。

四　科刑と憲法二五条一項

刑罰を科することが被告人に対して憲法二五条一項違反になると主張した事件は相当多数ある。これについて一の規準となっているのは次に示す【23】の判決である。

【23】(事実)　転出証明書三通を偽造し、一二〇キログラムの配給米を詐取した事件。

(上告理由)　「憲法第二五条によればすべて国民は健康で文化的な最低限度の生活を営むの権利を保障されているのであるが、本件実刑の宣告によってこの被告人の家族に対するこの保障は破壊されたものであり、家族の生命はもはや覚束ない。意識しつつ人民に対する此の最低生活権の保障を破った原判決は憲法違反であり、量刑過重である。」

(判決要旨)　「被告人に実刑を科するため、その家族が生活困難に陥るとしても、その判決は、憲法第二五条に違反するものでない。」

(判決理由)　「上告理由の論旨を貫徹するならば、生活困難な家族を有する者はどんなに大罪人であろうとも、これに実刑を科するのは、憲法違反だという不合理な結果となる。憲法第二五条が国家の刑罰権に対して、かような不合理な制限を加える趣旨でないことは、論を俟たないところである。」(最判昭二三・四・七刑集二・四・二九八)。

右の判決においては、憲法二五条一項の法意について積極的な説明がなされていないが、右判決要旨の如きは、もとより当然のことで、改めてその法意を明らかにする必要もあるまいと考えられたのであろう。この判例については小野清一郎教授も「正当というの外はない」とされ、その理由として「およそ文化には、文化の実体的構造があり、その論理がある。もし国家の任務が単にすべての国民に健康で文化的な最小限度の生活を営むことを保障するということだけにあるのならば、苟くもそうした最小限度の生活を営むことのできない者を生ずるような国家的行動は否定されなければならないであろう。そのときは本件上告論旨のような見解が正しいものとされなければならない。しかし、文化の実体的論理はそう単純なものではない。国民的道義のために犯罪を処罰しなければならないという文化的な論理には、いわゆる生活権の論理によっても単純にこれをくつがえすことのできないものがある。憲法二五条……から形式論理的に上告論旨のごとき見解を導き出すことは早計である。」と論ぜられ、憲法二五条の趣旨は十分尊重されねばならぬが、それは受刑者の家族の扶助というような司法保護的又は社会保障的な方法において実現さるべきであるとされる。なお、同教授は、生活保護法の如き社会立法が右の目的に供されうるほかに、わが刑訴四八二条が「祖父母又は父母が年齢七十以上又は重病若くは不具で、他にこれを保護する親族がないとき」は刑の執行を停止することができるものとすることを指摘され、「これはすでに、旧刑訴五四六条において認められた法制であり、しかも、これは西洋の法制に倣ったものではなく、遠く古律に淵源するものである（わが養老律名例、犯二死罪一、非二八虐一および犯レ徒応レ役、無二兼丁一の条を見よ）。憲法二五条の下に、この趣旨を拡充することは、今後における立法の課題である。」（小野・実刑の言渡と憲法二五条、刑事判例評釈集・八巻一七四頁）とされている。本件判決に対する洵に周到な批評というべきである。

また団藤重光・福田平両氏も、「この憲法二五条の生存権自体が一般私法でいうような具体的権利ではない。まして家族の生活が脅かされる場合に、罪を犯した被告人に実刑を科し得ないというような、国家の刑罰権を制限する趣旨のものでない。」として判旨を正当とされ、「勿論、憲法で、生存権が保障されている以上、国は生存権保障のために努力する義務を有するのであって、既に、生活保護法その他の社会政策立法も、この目的のために制定されたものであり、犯人の家族についても、その生活の保障に国が努めなければならないのは当然である。しかし、これと、犯罪者に実刑を科し得ないということとは、全く別個の問題である。」とされている（判例研究二巻二号一一四頁）。

なお、右の判決と同趣旨のものに、次の【24】乃至【26】がある。

【24】「犯人に実刑を科するため、その家族が生活困難に陥るとの所論をもってその裁判は憲法二五条に違反するものと解することはできない。そのことはすでに大法廷の判例とするところである（昭和二二年(れ)第一〇五号同二三年四月七日判決参照）。右と反対の見地に立つ所論には賛同することはできない。」（最判昭二五・七・二七 刑集四・八・一五三一）。

この判決に対し、石川吉右衛門教授の判旨当然とする批評がある（判例研究四巻二号一六二頁）。

【25】「憲法二五条は、国の刑罰権を制限する趣旨のものではなく、従って原審の被告人に科した罰金刑が高額であるため被告人の生活が最低限度以下に陥るというような理由で、原判決が憲法二五条に違反するという所論の主張の理由ないことは、当裁判所大法廷の判決（昭和二二年(れ)第一〇五号同二三年四月七日判決）に徴して明らかである。」（最判昭二六・四・一〇 刑集五・五・八二九）。

【26】「憲法第二五条第一項の法意は、国が犯罪者に対し罰金その他の法定刑を定め、又は酌量減軽その他刑の適用に関する規定を立法するについての標準若しくは制限を設けた趣旨の規定ではない。されば旧物品税法一八条一項が何人に対しても罰金刑を脱税額の五倍と定め、同二一条において酌量減軽の規定を適用しない旨を規定したからといって、憲法二五条には何等の関係もないことである。」（最判昭二五・七・一九 刑集四・八・一四八八）。

次に死刑について次の如き判決がある。

【27】（上告理由）　「刑罰の本質が応報か教育かは古くから争われた所である。憲法第三六条の残虐刑禁止の宣言は応報刑を禁止排斥したと共に、憲法第一三条と第二五条（生活権保証の原則）の精神に照して考察すれば我憲法は教育刑の理念を採ったものと謂わねばならぬ。……第二五条の生活権保証の精神は受刑者をして精神的に健全に文化的社会の正常な一員に復帰するの権利を保証したもので、之が為めに国家は最善の努力を払うことを保証したのである。……この理念よりするも死刑は存置す可きではない。」

（判決要旨）　「死刑は憲法第二五条に違反しない。」

（判決理由）　「死刑を定めた刑法の規定が憲法九条、一三条及び三六条に違反するものでないことは、当裁判所昭和二四年新(れ)第三三五号判決（刑集五・五・九二三頁）及び昭和二二年(れ)第一一九号判決（刑集二・三・一九一頁）の示すところであり、又憲法二五条に違反するものでないこともこれらの大法廷判決の趣旨により明らかである。（なお、憲法二五条一項の法意は、個々の国民が国家に対し具体的、現実的権利を有するものでない旨の大法廷判決、判例集二巻一〇号一二三五頁以下参照）」（最判昭三三・四・一〇刑集一二・五・八三九）。

本件判決理由に示される通り、判例は従来、死刑を合憲として来たが、これに対しては、早くから木村亀二教授の違憲論（新憲法と人身の自由、三六－七頁。「新憲法と刑罰理念」警察研究一八巻一一号一三頁。「新憲法と死刑の問題」法律タイムズ二巻六号一六頁などの外同教授の著書参照）がある。今迄この論議で問題とされたのは、主として、憲法一三条・三一条・三六条の各条であった。本件においては、上告理由に見られるような角度から憲法二五条違反を問題としたものである。この判決において最高裁判所は、他の刑罰に対する場合とは異り、「憲法二五条一項は国家の刑罰権を制限する趣旨のものではない」という理由を掲げて上告理由を排斥することをしなかった。均しく刑罰といっても、死刑は他の刑罰と本質を異にすることに留意したからであろうと察せられる。そして本件の判決理由は、「従前の判決の趣旨に徴して」ということになっており、曖昧さをまぬがれないが、末尾に二五条一項の法意についての判例を参照せよと附言していることで、判決の言わんとするところは大体理解されるであろう。

また換刑処分が被告人の家族を生活困窮におとし入れるから、憲法二五条に違反すると主張した事件もある。これに対し裁判所は

【28】「被告人が罰金を納めることができず、ために労役場に留置せられるため、その家族が生活困難におちいるとしても、その判決が憲法二五条に違反しないことは当裁判所の判例とするところである。」（最判昭二七・一一・一一昭二六年(あ)三三二三五号）。

【29】「憲法第三一条は社会秩序を保持する為に必要とする国家の正当な刑罰権の行使を是認しており、事実審たる裁判所が犯人に対し罰金刑を科した場合、同時にその不完納の場合における換刑処分の言渡をなすべきことは刑法第一八条第四項の明定するところである。所論の憲法第二五条が右の場合に、換刑処分の言渡を禁止し、国家の刑罰権の行使に不合理な制限を加える趣意でないことは多言を要しない。」（福岡高判昭二五・六・三〇特一一号一三八頁）。

と判示しているが、これも問題なく判旨は正しいとされよう。

五　物資配給の請求と憲法二五条一項

終戦直後の物資不足時代に、憲法二五条一項に基いて物資配給を請求した事件がある。下級審の事案であるが、当時新聞紙等にも報ぜられて有名だったので掲記する。

【30】（原告主張）「憲法二五条一項は、国民の基本的人権の一として健康な生活、文化的な最低限度の生活を営む権利を保障したものであって、決して餓死せぬ程度の生活を保障したものではない。而も右憲法施行の日以後における主食及び副食物……その他の物資例えば食用油、味噌、醤油、塩、薪炭、マッチ、石鹸等並びに各種衣料品その他統制配給品となっている文化的生活の必需品の配給も不十分である。……総ての消費者階級又は其の大多数が犯罪である闇買をせねば生命を維持出来ないという現在の配給並びに取締法規は憲法に違反する。……現在の日本に諸物資が不十分なことは明瞭であるが、闇買をすれば手に入るところから見ると、政府の集荷方法又は配給機構の何処かに欠陥がある。政府当局者は若し其の全能力を尽しても完全な配給が出来ぬとすれば、その不明を天下に謝して練達堪能の士に地位を譲るべきである。憲法第二五条第一項は現在の様な物資不十分の時代にこそ意義のある規定で、豊富な時代には無くてもよい規定であるから、現在の制度上又は事実上之れ以上の配給が不能だとは善良な忠実な政治家としては言えないことである。……敢て玆に本訴を提起して政府当局の反省を求める。」というのである。

（判旨）「憲法第二五条第一項は原告もいう様に所謂国民の基本的人権を規定したものであるが、この憲法の規定は、直接私生活を規律する法規ではなく、単に国家が私生活に関し法を制定し又は行政処分を為す場合の根本方針を定めたものに過ぎないから、他に之に基く具体的な法令の出て居ない現在、此の規定だけで国民が国家に対し私法上相当の代金と引換に同条で認められている程度の生活物資の配給を請求する権利を取得することにはならない。尤も国民一般に対し現実に配給されて居る物資が偶々特定の個人に対してだけ配給されなかった場合には、其の物資の配給を請求する私法上の権利を主張することも出来ようが、原告の場合はそうではなく、国民一般が更に多くの配給を受け得らるべきことを前提として、原告が健康で文化的な最低限度の生活を営むに必要な物資の配給請求権のあることの確認を求めるに過ぎないのであるから、斯様な私法上の権利が認められて居ない以上、本訴請求は民事訴訟の目的とはなり得ないものであり、又…

…原告の主張するところは政府の一般的施政を糾弾するに止まり、原告より国及び各国務大臣に対する法律上の争訟と見ることは出来ず、従って本訴は裁判所法第三条に照しても到底裁判所の権限に属するものと認められない。」(大阪地判昭二三・一〇・三一行裁月報一一号一四二頁)。

右の判決は、個々の部分には多少の疑点もさしはさまれ得ようが、その大筋においてはもとより正当とされねばならない。石川吉右衛門教授も、判決が憲法二五条を「実効的な法でなく」「政治的なものであり、法律的に具体的なものではない」と解する立場から、原告の主張を排斥したことを是認され、ただ判旨が民事訴訟の目的にも行政訴訟の目的にもならないとしているのは、憲法二五条を実効的な法規でないとする以上、不必要な区別ではないかと評されている(判例研究二巻一号七四頁)。

六　民事事件と憲法二五条一項

民事事件に関して、憲法二五条一項が問題とされた判例に次の如きものがある。

(一)　契約上家屋明渡の義務ある者に家屋明渡を命ずる裁判と憲法二五条一項

【31】(上告理由)「原審判決は、上告人の解約申入を認め乍ら覚書なる一片の書面を採って以て解約権の拋棄なりと独断して、相手方の正当の理由を糺明することなく、一概に上告人に対し、明渡を命令せるは、上告人の生活権即ち衣食住の内の居住権を侵害せるものである。被上告人が違法の明渡を求むるとも、原審裁判所は憲法第二五条に基き、上告人の居住権の維持方法として被上告人の明渡の請求を棄却すべき義務を負うているものである。然るに原審裁判所が事茲に出でざりしは明かに憲法違反の行為というべきである。」

(判決要旨)「憲法第二五条第一項は、自由な意思に基いて締結した契約により家屋明渡の債務を負担する者に対し、裁判所がその契約の履行として家屋明渡を命ずることを禁ずるものではない。」(最判昭二五・四・四・一二民集四・四・

九一三)。

右の判決はもとより正当とさるべきである。この判決については阿南成一助教授も「仮に本判決によって上告人が居住を失って生存権が危うくされるとしても、同条項(憲法第二五条を指す―筆者註)によって合意契約を変更又は消滅させることは、その法意から言って不可能である。何故なら、それは『健康にして文化的な最低限度の生活』の保障を国家に対して何らかの具体的法令上の根拠に基いて求めることができるという意味であり、それを私的契約の相手方に負わしめるという趣旨ではないからである。」と賛成され、更に附言して「これ迄の借家法適用の実情をみる時、借家人の生存権(居住上の)は相手方たる賃貸人の負担においてなされており、同法のかかる適用態度が恰も憲法二五条に合致せるものと考えられ勝ちであるが、この考えは特殊の政治的立場からならともかく、法律解釈上は理に反する。上告人は恐らくかかる誤った憲法解釈によったものと思われる。然らざれば合意の契約による家屋明渡迄をも借家法によらしめ且つその根拠を憲法の同条項に求めることを試みなかったであろう。判旨がこの点同条項の法意から借家法の適用をはっきり除外しているのはまことに正当である。」と述べられている(民商二七巻三号二一一頁)。この批評は判旨をうがちすぎている感じがしないでもない。なおこの判決については来栖三郎・広中俊雄両氏の「判旨正当、最高裁の判断については、何ら補足すべきことはなく、上告理由はややこじつけの感がある。」とされる評釈がある(判例研究四巻一号六三頁)。

また、同様に家屋明渡訴訟で、明渡を命ぜられたら生活上大打撃をうけ、一家路頭に迷うから、これを命ずることは憲法二二・二五・二六各条に違反すると主張した事件につき、

【32】「論旨は結局被上告人のなした本件賃貸借の更新拒絶につき正当な事由ありとした原判示を争うにつき、名を違憲にかかりるものであって、違憲の主張には当らない。」(最判昭二六・一二・二一ジュリスト五巻三七頁)。

とした判決がある。

(二)　他世帯と同居を命じた判決と憲法二五条一項

【33】(事実)　原告(被控訴人、被上告人)は昭和二一年四月その次兄所有の家屋を買受け、当時右家屋の賃借人であった被告(控訴人、上告人)に明渡を求めたが容易に明渡してくれず、更に同居でもよいからと一部の明渡を懇請したが、拒絶されたので本訴明渡請求に及んだ。原告主張の正当事由の要旨は次の如くである。「本件家屋は原告の出生し成育した祖先の家であるが、これを原告が買受けるに至ったのは、それ迄の居住家屋の所有者が外地から引揚げて来て明渡を懇請したのに同情してそれを明渡したからである。被告が明渡してくれないので他人の家に同居しているが、いつまでもその厚志に甘えることも出来ず、しかも家族六人のうち二・三男が汽車通学の不便を忍び、交通難の折柄その健康も案ぜられるが、下宿させる経済的能力もない。」これに対し被告は「自分は病身の寡婦で一人娘と文房具書籍商によってやっと生計を維持している現状であるから、本件家屋を失えば生計を失う。又一部明渡も階下は商品で塞がり、更に近く娘に養子を迎えることになっているので不可能である。原告は次兄の宏壮な邸宅に同居すればよい。」と申立てた。

第一審は、被告は原告に階上の十二畳及び三畳の二部屋を明渡せ、と判決したが、被告及び原告が夫々の敗訴部分につき控訴又は附帯控訴をなした。第二審は「他者の賃借居住中であることを知りながら、その家屋を自ら使用する目的を以って買受けた者は、前所有者としては解消することのできなかった賃貸借を、これまでは全くその賃貸借の局外者であった新所有者の有する事由に基いて、自己の利益のためこれを解消させてその明渡を求めようとするものであり、家主の変動さえなければ、害されることのなくて済んだ借家人の居住の安全を害する結果となるのであるから、新家主の解約申入れについては、必要とする程度のほか新家主において当時の社会的評価上納得のゆく処置を講じたかどうかをも考慮に入れねばならない。」とし、被控訴人の措置は十分とは言えないが、必要とする程度は高いとして、結局、原判決を変更し、階上十三畳半の一室を被控訴人に明渡せ、と判決した。

（上告理由）「原判決はその理由において『他世帯との同居生活は不快適であるばかりでなく更にすすんではお互の家庭生活の和楽を損うものであり、その健康で文化的な最低限度の生活を妨げるもので』あるとしながら『住生活の窮屈がいささかも緩和されていない現時においてはその同居を否定するわけにはいかないであろう。』と断じ、結局上告人に対し本件家屋に於ける他世帯との同居生活を命ずる判決の基礎となした。右裁判は明かに憲法第二五条一項の規定するところに反し、右条章の本旨を没却するもので憲法に適合しない。」

（判旨）「憲法二五条の法意は国家は国民に対して健康で文化的な最低限度の生活を営ましめる責務を負担し、これを国政上の任務とするという趣旨であって、この規定によって直接に各個人の現実的な生活権が保障されるものでないことは当裁判所の判例とするところである（昭和二三年(れ)第二〇五号同年九月二九日判決）。従って他世帯との同居を命じた原判決を以て直ちに右憲法の条項に違反するとする論旨の採るを得ないことはおのずから明らかである。」（最判昭二六・三・二三 民集五・四・一六三）。

この判決については、阿南成一助教授は判旨を正当とし、その理由として、「憲法二五条一項は古諺に所謂『乏しからざるを憂えず、等しからざるを憂う』ところから国民の経済的利益の平等化という国政運営上の根本方向を定めた規定であるから、主食について判示（本判決の引用する・食糧管理法を合憲とした昭二三(れ)二〇五号事件判決を指す—筆者註）

されたところはそのまま乏しい今日の住宅についても妥当しよう。判決が同居を命ずるのは家屋の利用面における不平等の匡正を実現せんとするものである。」とされ、更に「借家人において使用上余裕ある時之を明渡させ、そこに同居させることは国民の住生活における経済的アンバランスの匡正と考えられるが故に、主食におけると同じく、むしろ第二五条の趣旨に適合するものといえよう。」と述べられている（民商二七巻五号五七頁）。

このような考え方も出来るかも知れないが、私はむしろ本件判決の趣旨は、憲法二五条一項は国民に具体的・現実的な権利を与えるものではないから、同居判決が違憲であるという主張は始めから成立たない、というところにあると思う。そして、そういう意味で判決は正当であると言ってよいと思う。

七　労働者の解雇と憲法二五条一項

いわゆる労働関係事件で憲法二五条一項を問題としたものに、下級審の次の如き事例がある。

【34】（事実）　後出【39】の事件において解雇が憲法二五条一項にも違反することを併せて主張したもの。

（判旨）　「憲法第二五条は国が国民一般に健康で文化的な最低生活を営ましめる責務を有することを規定したものであって、個々の企業者に対してその義務を課したものでないから、本件解雇を憲法二五条違反として無効とすることは出来ない。」（名古屋高判昭二六・三・一七労民集二・一・五五）。

【35】（事実）　会社が組合側と団体交渉を行うことなく、一方的に組合員を解雇したことを、憲法二五条一項に反すると主張した事件

（判旨）　「憲法第二五条第一項はすべて国民は健康で文化的な最低限度の生活を営む権利を有することを

規定しているが、その趣旨とするところは要するに、労働者のみの最低生活を保障したものではなく、むしろ労働者も一般国民として他のすべての国民と同様、健康で文化的な最低限度の生活を営み得るよう国政を運営すべきことを国家の責務として宣言したまでのことである。従って仮に会社が組合と団体交渉を設けることなく、一方的に本件解雇を行い、組合員の生存権を脅すに至ったものとしても、それはとくに労働者の基本的人権としての労働権、団結権ないしは団体交渉権を保障する憲法第二七条第二八条以下これに基き制定された一連の労働法規に規定される別途の救済を俟つべきものであるから、会社の右行為がただちに憲法第二五条第一項に牴触するものとは謂えない。」（長崎地判昭二五・一一・二〇労民集一・六・九四五）。

労働者の解雇が憲法二五条一項によって新たな内容をもられる公序良俗に反する、という理由でその効力を争うのであれば別であるが、直接憲法二五条に違反するとする主張は到底認められない。右の二判決の判旨は正当とさるべきである。

三　憲法二五条二項の法意

憲法二五条二項の法意を明らかにしたものに次の判決がある。

【36】（事実および上告理由）　殺人・殺人未遂放火事件について「被告人のような病的人格者にたいして刑を課することが無意味であることは、殺人事件後に放火事件をおこすことにより被告人自身が立証した。しかも被告人の病的人格は脳動脈硬化病からくるものであって後天的のものであるから治療により回復し得るものである。かかる被告人を病院にやらずして監獄にやることは、憲法第二五条第二項に反する。同条は政治のプログラムではなくして、国家の国民にたいする義務、国民の国家にたいする権利の保障の規定といわねばならぬ。そこで同条同項の「社会福祉」の施設のかく充により、被告人のようなものは国家の費用に

より病院にいれ、これを治療させ、一日も早く国民社会に復帰させるべきであって、これを監獄に入れることは同条に規定し保障する国家の義務をつくさないものと考える。」として上告した事件。

（判旨）「憲法第二五条第二項の法意は、同条第一項の、国家は国民一般に対して概括的に健康で文化的な最低限度の生活を営ましめる責務を負担し、これを国政上の任務とすべきであるという趣旨と対応し、国家はこれらの目的のために積極的に社会的施設の拡充増強に努力すべきことを国家の任務の一として宣言したに止まり、国民各個人に対し、具体的現実的にかかる権利を有することを認めた趣旨でないことは、すでに当裁判所判決の趣旨に徴し明らかなところである。（昭和二三年(れ)第二〇五号同年九月二九日判決参照）」（最判昭三〇・八・二刑集九・九・一九八八）。

憲法二五条二項が国家を義務づけることは上告理由のいう通りであるが、それだからといって、それに対応する国民の権利があると説くのは、到底承認され得ない。判旨は当然であるといわねばならぬ。

四　憲法二六条一項の法意

憲法二六条に関する最高裁判所の判例としては、次の一件があるのみである。

【37】（事実）事件本人に対し、昭和三二年二月東京高裁がなした中等少年院送致決定に対する抗告棄却決定に対して、事件本人の法定代理人たる父親から、これを憲法二六条違反として再抗告の申立をした。

（決定要旨）「所論の主張する憲法二六条一項は『すべて国民は、法律の定めるところにより、その能力に応じて、ひとしく教育を受ける権利を有する。』と規定しているのであるから、憲法は、国民の教育を受ける権利を無制限に保障しているものではなく、法律の規定する範囲内においてこれを保障していることが明白である。そして教育基本法は、右憲法の規定を受けて、その三条一項において……と定め、……差別待遇を受けないことを保障している。ところで論旨の主張する原決定の結果として、本件少年が所論主張の高等学校教育を受ける機会を失うというようなことは、右教育基本法三条一項所定の事由によって差別待遇を受けることに該当するものではない。換言すると、所論のような事由によって、事実上教育を受ける機会を喪失することは、教育基本法の右条項とはなんの関係もないのである。されば、原決定は、憲法二六条一項にいう法律である前記基本法になんら違反していないのであるから、所論違憲の主張はその前提を欠き、適法な再抗告の理由とならない（最決昭三二・四・五　昭三二年(す)二二三号・最高裁判集刑一一八号七七五頁）。

本件決定は、憲法二六条一項を生存権的基本権の一種とみる学界の有力な学説を受けいれず、忠実な文理解釈によって結論を出している。この場合、二六条に「法律の定めるところにより」という言葉があることが極度に重視される。しかし、二六条一項は矢張り将来の政府の政策を方向づけた綱領規定であり、従って同条にいう「権利」は現実的・具体的権利ではない、とみるのが正しいと思われる。「法律の定めるところにより」という言葉は、仮に二五条一項や二七条一項にこれが附加されたとしても、これらの条項の本質的性格を変えうるものではなかろう。本件決定は、この言葉を重視し、教育基本法がそこにいう「法律」に当り、その法律に違反しないから違憲ではないとしているが、この論理の進め方には、多少の飛躍があるとも評されよう。中等少年院送致によって、「事実上教育を受ける機会を喪失すること」は「教育基本法の三条一項とはなんの関係もない」が、同時に、それよりも寧ろ直接に「憲法二六条一項とはなんの関係もない」とせらるべきである。本件においては、二六条一項の「権利」の性格を説示して事案がこれに違反しないことを明らかにする方が適当であったと思う。

憲法二六条関係では、この外に下級審で次の如き判例がある。

【38】（事実および申立理由）　原告は、旧専門学校令により財団法人が設立する音楽学校から退学の処分をうけた者であるが、「もし生徒が学則の懲戒に関する規定に該当するものなりや否やの認定権が一に学校長のみにあって、生徒はこれを争うことが出来ないとするならば、憲法二六条一項に違反する」と主張した。

（判旨）　「原告は被告学校の学則につき憲法違反を云々するが、右学則の懲戒に関する規定の趣旨は新憲法下に制定せられた学校教育法、同法施行規則にも認められているところであり、且右学則の規定は……決して学校長が生徒の退学を命ずるにつき無制限な認定権を有することを規定したものではないから、これは憲法二六条に牴触するものではない。」（東京地判昭二五・二・一三下級民集一・二・一八四）。

判旨当然というべきである。

五　憲法二七条一項の法意

憲法二七条一項については、最高裁判所の判例は見当らない。下級審で、同条項の法意を示したものに例えば次のものがある。

【39】（事実）　会社の人員整理基準中の「経営効率に寄与すること少いもの」および「離職による影響の少いもの」に該当するとして解雇された者がこれを憲法二七条に違反するとして出訴した事件。

（判旨）　「憲法第二七条に国民は勤労の権利を有するといってもこれによって直接使用者が労働者を解雇

することを一般的に禁止したものと見るべきではないから、本件解雇が他に違法の点のない限りこれによって控訴人がその職を失い路頭に迷うことになるとしてもこれを無効とすることはできない。」（名古屋高判昭二六・三・一七労民集二・一・五五）。

【40】（事実）　公証人法一五条三号には、公証人は七十歳を定年とする趣旨の規定があるが、これの適用をうけて法務総裁から免職処分を受けた者がこれを憲法二七条一項に違反するとして出訴した事件。

（判決要旨）「公証人が七十歳に達したことを免職事由とする公証人法第一五条第三号の規定は、憲法の保障する平等権および勤労権を侵害するものではない。」

（判決理由）「憲法第二七条の勤労権が国民の国に対する具体的な権利でないことは同条の文理解釈の上からも、また、これを具体的な権利と解すべき経済的地盤を欠いているという実質的な理由からしても明らかである。のみならず、勤労権そのものは何等かの形における労働の機会の確保を政治上要請するにとどまり、特定種類の労働の機会を法律上の権利として確保するものではない。従って公証人法の右規定により憲法の保障する勤労権を侵害したということはできない。」（東京地判昭二七・七・二四行裁例集三・六・一三二八）。

【41】（事実）　前出【13】と同一事案で憲法二七条一項の違反をも併せて主張したもの。

（判旨）「憲法二七条の勤労権の規定は、国民に具体的な請求権を認めたものではなく、国家ができるだけ就労の機会を与えられるような施策を講ずべき旨を宣言したものである。」（東京地判昭二四・八・八裁時四〇号二頁）。

右の【39】は別として【40】および【41】の判決は、いずれも、憲法二七条一項の権利を生存権的基本権の一種と解し、従って、同条に基いて国民の現実的・具体的な権利は発生しないと解したものである。これは学界においても一般に承認せられているとみてよい。尤も学説上、解雇の自由は労働権によって制約せられねばならぬと説く反対論（例えば沼田稲次郎・団結権擁護論（上巻）一一〇頁）もあるが、一般には「憲法における労働権の保障は国と国民との関係における問題であって、直接各個の企業と国民との関係を定めたものではないから、この点から使用者の有する解雇の自由が制約されるものと解すべきではない。」（法学協会・註解日本国憲法上巻(2)五二〇頁）とされるのである。

東京昭28・2・17……97
東京昭28・8・5……39
東京昭29・1・29……54
東京昭30・11・10……33
札幌昭31・4・26…119

地方裁判所判例

大阪昭22・10・31…192
大阪昭22・11・22…113
札幌昭22・11・24…108
大阪昭23・1・28…113
福岡地飯塚支部
昭23・3・22……115
福島昭23・11・5…179
名古屋昭23・12・8…88
福岡地小倉支部
昭23・12・28………98
福島昭24・2・7…106
大阪昭24・6・26…101
宮崎地延岡支部
昭24・7・20………98
東京昭24・8・8
……………89, 182, 201
東京昭24・9・29…125
東京昭25・2・13…200
東京昭25・5・8…129
仙台昭25・5・22…104
岡山昭25・5・26……90
佐賀昭25・5・30…124
東京昭25・6・15…102
東京昭25・9・8……94
福岡地小倉支部
昭25・10・9………14
東京昭25・10・10…101
京都昭25・11・9……92
長崎昭25・11・20…197
京都地舞鶴支部
昭25・12・22………97
東京昭25・12・23…103
東京昭26・1・23…101
名古屋昭26・4・28
……………………181
山口昭26・5・7…126
東京昭26・8・7…126
名古屋昭26・12・4
……………………130
東京昭27・7・24
…………………59, 201
東京昭27・7・31……89
福井昭27・9・6…182
長崎昭27・9・30
(決)………………183
京都昭27・11・15…140
横浜昭27・12・25…124
札幌地岩見沢支部
昭28・1・31……102
大津昭28・3・14…131
札幌昭29・4・13…130
旭川昭29・6・11…118
横浜昭29・8・10…123
大阪昭30・4・21
…………………90, 94
東京昭30・10・15…130
大阪昭30・12・17…125
津昭31・3・2………96
東京昭31・5・9…100
東京昭32・1・14…127
東京昭32・1・21…130
京都昭32・2・4…105
東京昭32・11・1……89

簡易裁判所判例

尼崎昭29・5・29……17

判例索引

最高裁判所判例

昭23・4・7……… 186
昭23・5・26…………48
昭23・7・8…………50
昭23・7・19…………50
昭23・9・29……… 160
昭23・10・2……… 172
昭23・10・6…………58
昭23・12・1……… 172
昭23・12・8……… 174
昭23・12・22……… 172
昭23・12・24……… 172
昭24・1・11……… 172
昭24・2・15……… 172
昭24・3・23…………51
昭24・4・16…………51
昭24・4・23……99,105
昭24・5・14……… 184
昭24・5・18……91,106
昭24・6・16…………41
昭24・6・28……… 185
昭24・6・29……… 173
昭24・10・5…………57
昭24・12・15……… 172
昭24・12・26……… 172
昭25・1・24…………48
昭25・3・27…………43
昭25・4・12……… 192
昭25・6・7…………56
昭25・7・6……… 107
昭25・7・7……… 176
昭25・7・13……… 172
昭25・7・19……51,188
昭25・7・27……… 188
昭25・10・1…………28
昭25・10・6………… 6
昭25・10・11… 5,20,91
昭25・10・25…………26
昭25・11・15… 110,153
昭25・12・22……… 185
昭26・2・1…………29
昭26・3・23……… 195
昭26・4・10……… 188
昭26・5・18…………29
昭26・7・6……… 177
昭26・7・18… 111,175
昭26・8・1…………40
昭26・9・14…………58
昭26・11・16…………51
昭26・12・5……… 177
昭26・12・20……… 185
昭26・12・21……… 194
昭27・1・8……… 172
昭27・1・22……… 179
昭27・2・22……… 111
昭27・2・29…………51
昭27・3・18……… 172
昭27・11・11……… 190
昭28・4・8… 93,135,180
昭28・5・21…………95
昭28・6・19……… 184
昭28・6・24…………16
昭28・11・25…………53
昭29・4・6……… 184
昭29・6・24…………95
昭29・8・20……… 107
昭29・8・31……… 184
昭29・9・15……… 136
昭29・9・21…………34
昭30・2・9…………36
昭30・3・16…………32
昭30・5・10…………59
昭30・5・12…………37
昭30・6・22……… 137
昭30・8・2……… 198
昭30・8・18…………35
昭30・11・23…………12
昭30・12・14…………10
昭30・12・20…………42
昭31・11・30……… 172
昭31・12・11……… 116
昭32・2・5…………95
昭32・2・21……… 119
昭32・3・26…………35
昭32・4・5(決)… 199
昭32・4・25…………40
昭32・6・8…………17
昭32・11・27…………52
昭33・3・12…………31
昭33・4・10……… 189
昭33・5・28……… 122
昭33・7・16……… 142

高等裁判所判例

大阪昭23・5・29… 114
福岡昭24・3・17… 116
東京昭24・10・31… 114
高松昭24・11・1… 178
福岡昭25・6・30… 190
東京昭25・10・24……26
名古屋昭26・3・17………… 128,196,201
東京昭27・4・17… 183

著者紹介

覚《かく》道《どう》豊《とよ》治《じ》　大阪大学助教授

横《よこ》川《がわ》博《ひろし》　三重県立大学講師

森《もり》順《じゆん》次《じ》　滋賀大学教授

総合判例研究叢書　憲法（1）

昭和33年12月20日　初版第1刷印刷
昭和33年12月25日　初版第1刷発行

著作者　覚道豊治
　　　　横川博
　　　　森順次

発行者　江草四郎

印刷者　田中末吉

東京都千代田区神田神保町2ノ17

発行所　株式会社　有斐閣

電話九段(33)0323・0344
振替口座東京370番

印刷・理想社印刷所　製本・稲村製本所

総合判例研究叢書 憲法(1)
(オンデマンド版)

2013年1月15日　発行

著　者　覚道 豊治・横川 博・森 順次
発行者　江草 貞治
発行所　株式会社 有斐閣
〒101-0051 東京都千代田区神田神保町2-17
TEL 03(3264)1314(編集) 03(3265)6811(営業)
URL http://www.yuhikaku.co.jp/

印刷・製本　株式会社 デジタルパブリッシングサービス
URL http://www.d-pub.co.jp/

AG450

ISBN4-641-90976-8　Printed in Japan